십대들의
마음 건강

십대들의
마음 건강

초판 1쇄 발행 2023년 11월 10일

지은이 김미숙

펴낸이 강기원
펴낸곳 도서출판 이비컴

디자인 김희진
마케팅 박선왜
일러스트 배민경, 게티이미지뱅크

주   소 서울시 동대문구 고산자로34길 70, 431호
전   화 02-2254-0658 팩 스 02-2254-0634
등록번호 제6-0596호.(2002.4.9)
전자우편 bookbee@naver.com
I S B N 978-89-6245-216-7 (13180)

우리 아이 마음 행동
알다가도 모를 때

십대들의
마음 건강

· 김미숙 지음 ·

이비락 樂

누구나 한 번쯤은 우울한 감정에 빠져 보았을 겁니다. 비 내리는 날, 첫눈 내리는 날, 잊었던 사람, 다시 만날 수 없는 사람을 생각하거나 꿈을 이루지 못할 것 같은 예감이 들 때. 이런 감정은 수시로 들락날락합니다. 이런 우울한 감정이 일상생활을 방해하거나 견디기 어렵게 찾아올 때 마음의 병이 오는 것 같습니다.

"슬픔에게 모짜르트를 들려주고 분노를 극장에 데려가고, 두려움은 시골로 데려가 산책시켜라." - 자크 살로메(Jacques Salome)

프랑스의 사회심리학자 자크 살로메는 사람의 감정 문제를 음악과 영화, 산책으로 표현합니다. 어쩌면 우리가 느끼는 감정의 문제는 마음의 풍요로움, 휴식, 여가가 감정의 근육을 키우는 게 아닌지. 학생들이 국, 영, 수 교과 수업뿐 아니라 음악, 미술, 체육, 예술을 접해야 하는 이유가 아닌지. 아이들의 학령기를 풍요롭게 하려면 감정의 근육부터 키워야 하는 게 아닐지 생각해 봅니다.

청소년 관련 책을 쓰면서 그들의 마음이 눈에 들어왔습니다. 가

4

정 문제로, 친구 문제로, 자신의 진로 문제로 아파하는 아이들.

서문을 쓰면서 그동안 생각했던 것을 다시 확인해 봅니다. 마음 건강의 핵심은 가정과 가장 가까운 사람들과의 관계가 가장 중요함을, 또 그들이 외부에서 문제를 안고 가정에 돌아갔을 때 가정에서 해결되면 문제가 아닌데, 어느 곳보다 행복하고 따스해야 할 가정에서 문제가 발현되면 걷잡을 수 없다는 것을 말입니다.

아이들의 성장 발달 단계에서 성교육, 중독교육 못지않게, 마음 건강교육이 중요하다는 것을 새삼 깨닫습니다. 특히 코로나19 이후 단절된 외로움과 대인관계 기술과 소통의 부족으로 다가오는 마음 건강의 문제는 더욱 그러하며 이런 염려는 현실로 나타납니다.

초등학교 때부터 자해하고 병원 상담을 받기를 원했으나 받아들여지지 않아 힘들었다는 아이, 결국 중학교에서 인근 병원과 연계하여 상담 일을 정하자 빨리 그날이 왔으면 좋겠다며 상담받기 전에 자기가 스스로를 그대로 둘지 모르겠다며 걱정하던 아이, 상담받고 나날이 상태가 호전되던 아이... 이토록 어리고 순수해 보이는 아이들이 자기 안에 커다란 바위 하나씩을 품고 산다는 사실을 안 뒤부터 조용히 글을 쓰게 되었습니다.

다음은 한때 인기 끌었던 드라마 《이상한 변호사 우영우》는 자폐 스펙트럼 장애를 가진 한 변호사 이야기입니다.

우 변호사가 재판에서 신경전을 벌인 동료가 '우당탕 우영우'라고 말하는 그에게 '권모술수 권민우'라고 반격합니다. 그 일을 알고 있는 친구 최수현이 구내식당에서 밥 먹으면서 우영우에게 자신도 별명 하나 붙여 달라고 합니다. 영우가 패트병 뚜껑을 따지 못하자 패트병 뚜껑을 따주면서 "최강동안 최수현, 최고 미녀 최수현, 이런 식으로 말이야." 그러자 우영우가 "아니야!"라고 말하면서 대답합니다.

"너는 봄날의 햇살 같아. 로스쿨 다닐 때부터 그렇게 생각했어. 너는 강의실 위치와 휴강 정보, 바뀐 시험 범위를 알려주고, 동기들이 나를 놀리거나 속이거나 따돌리지 못하게 노력해. 지금도 내 페트병 뚜껑을 따주고 다음에 구내식당에 김밥이 나오면 알려주겠다고 말하고 있어. 너는 봄날의 햇살이야."라고 이야기합니다.

어쩌면 지금은 '봄날의 햇살' 같은 사람들이 필요한 시대를 살고 있는 건 아닌지 생각해 봅니다. 또 기억나는 것이 있습니다.

"선생님, 중학생이 되니 아이가 달라졌어요."
"멜랑콜리*하기도 하고 화도 잘 내요."
"어느 순간에는 울다 웃다 종잡을 수가 없어요."
"아이가 비를 쫄딱 맞고 왔어요."
"아이랑 마주하기가 겁나요."라고 말하는 부모님들.

제 책 중 『십대들의 성교육』을 읽으신 한 어머니는 초등학교 선

---

* 멜랑콜리: 원래는 질병 이름. 이 병에 걸릴 사람은 행동이 느리며 무기력한 모습을 보이고 음울한 표정을 지닌다. 처음엔 의학용어였는데 사람의 감정 중 '우울'이나 '비애'를 대신하는 용어로도 사용한다. – 『나도 모르는 내 마음의 심리법칙』

생님이셨는데, 이런 서평을 주셨습니다.

> "사춘기의 시그널, 어떻게 도와줄까? 라는 제목으로 조금 더 깊게 들어가 사춘기 아이들의 가장 큰 특징인 불안, 우울, 분노 등이 나오는데 이 부분에 대해 좀 더 많은 사례를 알려주세요. 학교 현장에서 아이들을 만날 때 우울하다는 이유로 그런 학생에 대한 모든 걸 다 수용해주어야 하는 교실에서 수업에 방해받을 때도 많고 우울증에 대해 잘 모르니 겁이 날 때도 많아요."

서평에서 보듯 청소년들의 정서에 관한 문제는 날로 증가하고 그 양상도 다르게 나타납니다. 문제를 앓는 제자들을 만나면서 교사들은 함께 울면서 고민에 빠지기도 합니다. 제 기억 속에도 그런 학생들이 있습니다. 그런 시기를 잘 헤치고 나가 나아지는 모습을 보면서 '얼마나 다행인가?' 하는 생각을 합니다.

청소년기는 불안정하면서도 무엇이든 가능한 기회의 시기입니다. 코로나19로 변화된 학교와 아이들은 더욱 그러할 것이며 여러 가지 중독의 위험성에 노출된 아이들에게 마음 건강 문제가 시선을 끕니다. 원격교육이나 온라인 등교 때문에 스마트폰과 인터넷 사용이 아이들의 일상 속으로 깊숙이 파고들면서, 게임이나 인터넷 중독 문제 또한 예측할 수 있지 않을까요. 비대면 수업과 코로나19에 대한 두려움 등으로 인해 전문가들은 코로나19 이후, 학생들의 마음 건강에 빨간불이 드리워지고 있다고 말합니다.

최근 메타버스의 등장으로 그에 따른 정신건강 문제 또한 드러날 것으로 예측합니다. 이러한 때 청소년들에게 어떤 도움을 줄 수 있을까를 생각해 봅니다. 정서적인 변화와 신체의 변화가 급변하는 청소년 시기를 바라보면서 그들이 고민하며 안고 있는 정서적인 문제들을 관찰하여, 그 지식을 알려주는 것이 도움 될 거라 생각했습니다. 그들을 양육하는 보호자나 교육자도 정서적인 문제의 증상 원인, 치료법, 그리고 도움받는 방법에 조금이라도 도움 되길 바라는 마음을 이 책에 담았습니다.

1장은 마음이 건강하다는 것의 의미를 사람이 지닌 다양한 감정과 함께 짚어봅니다.

2장은 마음 건강을 위해 중요하고도 필요한 것들, 즉 청소년들에게 영향을 주는 말과 수면, 휴식, 그리고 뇌와의 관계 및 뇌 건강을 지키기 위한 신체 활동의 중요성을 알아봅니다.

3장은 청소년기에 나타나는 정서적 문제로, 불안과 우울, 분노, 외로움의 증상을 살피고 효과적인 대처 방법을 알아봅니다.

4장은 우울장애, 불안장애, 공황장애, 외상 후 스트레스 장애, 식이장애, 주의력결핍 과잉행동장애는 물론, 틱, 품행장애, 도벽, 자해, 수면, 신체증상장애, 조기정신증, 자폐 스펙트럼장애, 인격장애 등 청소년기에 나타나는 마음과 관련한 질환을 들여다봅니다. 이에 대해서는 서울시교육청의 《교사를 위한 마음 건강 길라잡이》를 통해 해당 분야 전문가들의 의견을 참고하였습니다.

5장은 청소년의 감정선을 바로 알고, 뇌와 스트레스의 관계를 살펴며 스트레스에 휘둘리지 않고 오히려 그것을 즐기며 지내는 법, 회복탄력성과 자아존중감, 대인관계 기술, 부모와 가족의 역할을 짚어보면서 청소년 마음 건강을 위한 실천적 방안들을 찾아봅니다.

김창옥 교수의 『지금까지 산 것처럼 앞으로도 살 건가요?』라는 책의 한 구절을 떠올려 봅니다.

"우리 안에 굳어버린 아이가 있다면 그 아이를 찾아가세요. 어른이 된 내가 그 아이에게 엄마 또는 아빠가 되어주는 것입니다. 그리고 그 아이가 그때 들었어야 할 말을 지금이라도 해주는 것이지요." "괜찮니? 문제없어. 걱정하지 마. 그리고 사랑한다. 이 힘든 상황을 통해서 네가 얼마나 소중한 존재인지 결코 잊어서는 안 돼." 이게 소위 '얼음 땡'이라고 하는 것입니다. 어릴 때 '얼음 땡' 놀이 한 번쯤 해보셨죠? 술래가 잡으려고 하면 술래는 더 이상 그 사람을 잡지 않아요. 이 사람은 누군가 '땡'을 해줄 때까지 얼어 있는 거지요. 마찬가지로 어른이 된 내가 '땡'을 해줄 때까지 내 안의 아이는 마음이 얼어 있습니다.

위의 글처럼 '얼음 땡'이 길어지지 않도록 우리 아이들이 듣고 싶은 말을 좀 더 일찍 해줄 수는 없을까 하는 마음이 듭니다. 자, 우리 이제 '얼음 땡' 놀이 여행을 떠나볼까요?

2023년 가을빛 따스한 날에
김미숙

2장 마음 건강을 위해 필요한 것

3장 청소년기에 나타나는 정서적인 문제

5장 마음 건강을 위한 실천적 지침

1장

마음이
건강하다는 것

마음을 지켜주는 감정

✦

"잘못된 일만 신경 쓰지 마, 되돌릴 방법은 늘 있으니까!"
"You can't focus on what's going wrong. There is always a way to turn things around."
"좋은 하루를 보낼 거고, 그럼 좋은 한주가 될 거고, 좋은 한 해가 될 거고, 좋은 일생이 될 거야."

모든 감정은 소중하다

디즈니 애니메이션 영화《인사이드 아웃(Inside out)》에 나오는 대사입니다. 영화의 주인공은 귀여운 소녀 라일리 내면의 감정들인 기쁨이, 슬픔이, 버럭이, 소심이, 까칠이입니다. 주인공 라일리의 감정은 기쁨(joy), 슬픔(Sadness), 까칠(Digust), 소심(Fear), 버럭(Anger)입니다. 기쁨이, 슬픔이, 버럭이, 소심이, 까칠이는 라일리가 성장

하면서 마주하는 다양
한 상황 속 라일리의
감정을 조절하고 통제
합니다.

이 다섯 감정들이 어
떠한 상황에서 어떻게
드러나는가의 과정을
통해 한 사람이 내면에
가지고 있는 감정을 잘
표현하고 공감하는 것
이 얼마나 중요하고 아
름다운 일인지 그리고

《출처》영화《인사이드아웃》5가지 감정의 주인공들

기쁘고 행복한 감정이 가장 최고일 것으로 생각하기 쉽지만, 우리
가 느끼는 모든 감정이 똑같이 소중하다는 생각이 듭니다.

한 사람의 내면(Inside) 속 감정들이 밖(Out)으로 어떻게 표출되
는지, 라일리가 새로운 경험과 변화를 마주하면서 느끼는 다양한
감정을 제 3자의 시선으로 바라보며 라일리와 다른 인물들의 감
정까지도 속속들이 알아볼 수 있는 흥미로운 영화입니다.

활기차고 밝은 기쁨이는 항상 긍정적일 것을 강요합니다. 하
지만, 영화 속에서 사고로 인해 감정 컨트롤 본부를 벗어나게 됩
니다. 다시 감정 컨트롤 본부로 돌아가기 위해서 슬픔이와 단둘

이 함께하는 시간 동안 슬픔이라는 감정을 통해서 마음을 치유할 수 있다는 것을 알게 됩니다. 다섯 가지 감정은 기쁨(joy), 슬픔(Sadness), 까칠(Digust), 소심(Fear), 버럭(Anger)입니다. 각 감정이 돌아가면서 다양한 상황에서 주인공의 삶을 조종하는데, 라일리의 경우 기쁨이 중심이 되어 삶에 관여합니다. 주변 환경과 당시의 감정을 통해서 라일리는 자신만의 성격을 갖게 되며, 이 과정에서 각 감정이 반영된 기억들이 핵심 기억 및 장기 기억, 단기 기억 등으로 저장됩니다. 기쁨이는 슬픔이를 없애버리고 싶은 감정으로, 라일리에게 슬픔이 개입하는 것을 철저히 막게 되지요. 그래서 라일리의 핵심 기억에 슬픔이는 없습니다. 그러던 라일리에게 이사와 전학으로 슬픔이라는 감정이 들어오자 라일리는 슬픔을 감당할 수 없게 됩니다. 기쁨이는 기쁨으로 라일리의 감정을 위로해 보지만, 슬픔을 받아들이고 위로가 되어 주지는 못합니다. 결국 기쁨이는 지금 라일리에게 필요한 것은 슬픔이라는 것을 깨닫게 됩니다. 이렇듯 어떤 현상이나 일에 대하여 느낌이나 기분을 '감정'이라고 합니다.

"때로는 화가 나고, 우울하더라도 잠시 심호흡을 하고 긍정적으로 생각해보면 세상에는 행복한 일이 훨씬 많을 거예요."
"울음은 일생의 문제에 너무 얽매이지 않고 진정하도록 도와줘."

위의 글은 슬픈 감정을 느끼는 것이 어떤 가치가 있는지를 알 수 있는 대사입니다. 저 또한 살아오면서 극도의 슬픔을 느낀 기억이 있습니다. 지나고 나서 생각해 보니 그때 슬픔 감정의 위로는 '눈물'이었던 것 같습니다. 상실의 순간에 느낀 기억들, 상실의 순간들을 지나가면서 내 삶이 무너지거나 부서지지 않도록 나를 지켜준 것이 '슬픔'이라는 감정이 아니었나 생각합니다. 제가 슬픔을 표현하고 슬픔을 애도하는 순간을 잘 견디지 않았다면 제가이 글을 쓰는 순간을 가질 수 있었을까요. 김현승 시인의 눈물이라는 시를 함께 읽어보겠습니다.

눈물 / 김현승

더러는
옥토(沃土)에 떨어지는 작은 생명이고저...

흠도 티도,
금가지 않은
나의 전체는 오직 이뿐!

더욱 값진 것으로
드리라 하올 제,

나의 가장 나아 종 지닌 것도 이뿐,

아름다운 나무의 꽃이 시듦을 보시고
열매를 맺게 하신 당신은

나의 웃음을 만드신 후에
새로이 나의 눈물을 지어 주시다.

이 아름다운 시는 김현승 시인이 아들을 잃고 난 후 지은 시라고 합니다. 이렇듯 상실의 슬픔을 '눈물'로 표현하고 있습니다.

상실은 이렇듯 누군가를 이 세상에서 떠나보내는 것일 수도 있고 사랑하는 사람과의 이별일 수도 있겠지요. 또한 이루지 못한 사랑일 수도 있지 않을까 하는 생각도 듭니다.

중학교 1학년생들을 가르칠 때, 손원평 작가의 『아몬드』를 읽은 적이 있습니다. 감정을 느끼지 못하는 소년의 특별한 성장 이야기입니다. 주인공 윤재는 감정을 느끼는 데 어려움을 겪는 독특한 캐릭터입니다. 다른 사람의 말과 행동의 이면을 읽어 내지 못하고 공포도 분노도 잘 느끼지 못하는 윤재는 '평범하게' 살아가려고 가까스로 버텨 오고 있습니다. 엄마에게서 남이 웃으면 따라 웃고, 호의를 보이면 고맙다고 말하는 식의 '주입식' 감정 교육을 받기도 하지요. 세상을 곧이곧대로만 보는 아이, '괴물'이라고 손가락질받던 윤재는 어느 날 비극적인 사건을 맞아 가족을 잃게 되면서 이 세상에 홀로 남게 됩니다.

그런데 모든 것을 잃었다고 생각하던 순간에 윤재 곁에 새로운 인연이 다가옵니다. 어두운 상처를 간직한 아이 '곤이'나 그와 반대로 맑은 감성을 지닌 아이 '도라', 윤재를 돕고 싶어 하는 '심 박사' 등이 그러한 인물들입니다. 윤재와 이들 사이에서 펼쳐지는 이야기를 읽으면서 타인의 감정을 이해한다는 것이 얼마나 어려운지, 그럼에도 얼마나 소중한 일인지 다시 한번 생각하게 하는 시간이었습니다.

감정의 종류

| 분노 | 혐오 | 두려움 | 행복 | 슬픔 | 놀람 |
| (Anger) | (Disgust) | (Fear) | (Happiness) | (Sadness) | (Supprise) |

폴 에크만의 〈인간의 보편적인 6가지 감정 〉

미국의 심리학자 폴에크만(Paul Ekman, 1934~)은 인간의 기본적인 감정을 표정으로 분노, 혐오, 두려움, 행복, 슬픔, 놀람 등 6가지로 나눕니다. 이러한 감정은 일시적인 변덕이 아니라 우리의 삶에서 중요한 역할을 합니다. 자신의 감정을 조절하는 능력은 원만한 대인관계를 형성하며, 건강한 삶을 살아가는 데 반드시 필요합니다. 우리의 감정은 다 이유가 있어 존재하는 것이 아닌가 하는 생각이 듭니다.

이러한 감정도 우리에게 필요할 때마다 나타나는 중요한 감정입니다. 만일, 누군가 슬퍼해야 할 상황에서 슬픔을 느끼지 못한다면 어떨까요? 사람은 긍정적인 감정이든 혹인 부정적인 감정이든 다양한 감정을 느낄 수 있어야 건강합니다. 자신의 감정을 잘 알고 건강하게 표현하는 일은 살아가는 데 매우 중요합니다. 이러한 감정의 종류를 구체적으로 살펴보면 아래와 같습니다.

- 공포와 불안 : 명확하고 구체적인 대상에 대한 두려움을 말합니다. 예를 들면, 길에서 무서운 대상으로서의 사나운 개를 만나게 되는 경우 가지는 감정을 공포라고 하고, 특별한 이유 없이 걱정과 초조감이 드는 경우를 불안이라고 합니다.
- 분노 : 원하지 않는 자극에 대한 강하고 불편한 감정적 반응을 말합니다.
- 행복 : 생활에서 충분한 만족과 기쁨을 느끼며 흐뭇함. 또는 그러한 상태를 말합니다. 이는 우리가 살아가면서 궁극적으로 추구하는 감정일 것 같습니다.
- 혐오 : 어떠한 것을 증오, 불결함 등의 이유로 싫어하거나 기피하는 감정으로, 불쾌, 기피함, 싫어함 등의 감정이 복합적으로 이루어진 비교적 강한 감정을 말합니다.
- 슬픔 : 정서 중에서 기쁨과 대응되는 비교적 기본적인 체험을 말합니다.

감정을 대하는 태도

문제는 우리가 느끼는 감정에서 부정적인 감정을 대하는 태도입니다. 우리는 기쁨과 슬픔, 노여움, 불안감, 초조함, 좌절감을 느끼고 살아갑니다. 늘 기쁘거나 슬프기만 한 것은 아닙니다. 인간은 감정의 동물이기 때문입니다. 그래서 기쁨과 같은 긍정적 감정을 느낄 때는 기분이 좋지만, 화가 나고 불안해서 견디기 어려울 때는 기분이 나빠질 수밖에 없습니다.

사람들은 자기 안에 부정적인 감정이 들 때는 견디기 힘들어하는 것 같습니다.

'내가 이런 생각을 한다는 것은 내가 나약하다는 거야. 난 왜 이러는 걸까?'라고 생각하기도 합니다. 또는 '난 긍정적으로 살아야 해.'라고 생각하면서 애써 부정적인 감정을 없애려고 노력하는 사람도 있을 것입니다. 하지만 영화 《인사이드 아웃》에서 보았듯이 우리 안에 있는 모든 감정은 제 역할이 있는 것 같습니다.

우리는 오감(五感) 즉, 시각, 청각, 후각, 미각, 촉각이 있어서 여러 가지 감각을 느낍니다. 그런 것처럼 아픔 같은 통증은 기분 좋은 감각은 아니지만 몸에 좋지 않은 일이 일어나고 있다는 걸 알려주는 역할을 합니다. 통증을 통해서 질병을 알게 되고 통증의 원인을 제거하거나 치료함으로써 건강을 지킬 수 있습니다.

'따갑다'는 감각을 예로 들어 볼까요? 따가운 가시의 감각을 느끼게 되면 가시에서 손을 떼게 됩니다. 만약 따가움을 느끼지 않는다면 가시에 찔리게 되겠지요. 이렇듯 통증이나 따가움 같은 불쾌한 감각은 그 자체로는 달갑지 않게 다가올 수 있지만 결과적으로는 그 감각을 느끼기 때문에 우리 몸을 지킬 수 있습니다.

부정적인 감정도 마찬가지입니다. '분노'라는 감정은 몸에서 느끼는 통증과도 같습니다. '화가 난다는 것' 역시, 자신에게 좋지 않은 일이 일어나고 있다는 것입니다. 분노를 느끼는 것을 깨닫는 순간 그 원인을 없애거나 상처 입은 마음을 치유할 필요가 있다는 걸 깨닫게 되는 것처럼요.

마음은 어떻게 작동하는가?

✦

마음이란?

종종 어떤 사람과 대화를 나누다가 혹은 세월이 흐른 어느 날 문득 '그 사람의 마음을 알 수 있다면 얼마나 좋을까?' 하는 생각을 하곤 합니다. 때론 자신의 마음도 모를 때가 있어서 답답할 때도 있는데 말이지요. 이렇듯 사람의 마음을 안다는 게 쉽지 않습니다. 이러한 마음이란 무엇을 의미하는 걸까요?

우리는 흔히 신체에 대치되는 말로 정신을 '마음'이라고 부릅니다. 분명히 자기에게 속한 것이기는 하지만 형체가 없어서 눈으로 파악할 수 없는 것을 '마음'이라고 부릅니다. '마음'이 비록 보이지 않지만 한순간도 멈추어 서 있지 않음을 느낍니다. '마음'은 여러 가지 형태로 표현합니다. "착한 마음, 따뜻한 마음"이라고 할 때는 그 사람의 품성이나 성품을 말합니다. "마음을 비워라. 마음에 담아두지 말아라."라고 할 때는 생각 또는 감정 등이 자리 잡는 공간을 의미하기도 하고, "공부에 마음이 없다."는 말은 관심을 뜻하기도 합니다. "마음에 든다. 안 든다."는 판단을 의미하고, "그에게 마음을 빼앗겼다." 할 때는 타인에 대한 호의의 감정을 의미합니다. "마음을 집중해서 공부해라." 할 때는 어떤 일을 생각하는 힘을 뜻하고 "몸은 늙었지만 마음은 청춘이다."라고 할 때는 의지, 생각 등의 태도를 의미합니다.

이를 종합해 보면 자기 생각, 감정, 기억, 의지, 판단 등 인간의 전체적인 의식 구조와 정신 구조를 우리는 '마음'이라고 합니다.

마음은 어디에 있을까요? 라고 질문하면, 흔히 "머리에 있어요.", "가슴에 있어요.", "잘 모르겠어요."라고 대답합니다. 정말 마음은 어디에 있는 걸까요?

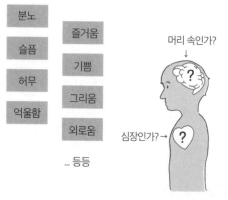

감정은 어디에 존재하는가?

'마음' 하면 보통 사람들은 심장(Heart)을 떠올리고 그래서 마음이 가슴(심장)에 있다고 생각하기도 합니다. 그러나 생리학적으로 볼 때 마음은 정보를 수집, 보관, 처리하는 고등기능이라고 볼 수 있습니다. 즉, 마음은 뇌에 있습니다. 이는 마음이 작동하는 작용 원리와 구조를 보면 알 수 있습니다.

마음의 작동원리

우리가 보고, 듣고, 냄새 맡고, 맛을 느끼고, 감각을 느끼는 5개의 감각기관(눈, 귀, 코, 입, 피부)을 통하여 들어온 신체 외부의 정보들은 세포에서 전기신호로 변환된 다음 뇌 속의 다른 신경세포들로 전달됩니다. 뇌는 250억여 개의 신경세포로 구성되어 있고, 이 중 뇌는 120억 개나 되는 신경세포가 그물망처럼 연결되어 있습니다.

뇌에 들어온 복잡한 전기신호는 뇌에서 인지되고 통합, 판단되어 다시 축삭을 통해 온몸의 근육으로 전달되어 호흡, 동작, 언어, 감정의 표현 등 우리의 모든 행동을 가능하게 합니다. 즉 생각, 감정 기억, 의지, 판단 등으로 표현되는 마음은 뇌에서 일어나고 그것이 언어, 행동, 표정, 감정의 표현 등으로 나타나는 것입니다.

그럼, 감정 표현으로 나타나는 사랑에 대해서 알아볼까 합니다. 뇌 과학으로 사랑에 빠진 뇌를 연구하는 카이스트 생명과학과 김대수 교수는 TV 프로그램 《유퀴즈 온더 블록》에서 "인간이 평생

쓰는 뇌의 능력이 전체의 20%도 안 된다."고 말했습니다. 그리고
'사랑에 빠진 뇌의 비밀'에 대해서 이렇게 말합니다.

뇌가 만들어 내는 생각적인 사랑은 모두 3단계로 구성되어 있습
니다.

1단계는 사랑에 대한 간절함 즉, 대상이 없어도 나의 반쪽을 만나
고 싶다는 생각을 성호르몬이 관여한다고 합니다. 그리스 사람들
은 원래는 우리가 귀가 4개, 눈이 4개인 줄 알았다고 합니다. 나
는 불완전하기 때문에 반쪽을 만나야 찾게 되는 '완전한 나' 그
신비한 힘, 나의 반쪽을 만나야 한다는 에너지. 그 에너지는 우리
뇌의 '시상하부'라는 부위에서 그런 신호를 계속 만들어 낸다고
합니다. 그래서 우리 뇌는 생존과 적응에 관련한 신호에 민감합
니다. '누구나 저 사람이 나의 사랑의 대상이 될까' 하는 고민을
하게 되는데, 여기서 중요한 포인트는 감정에 빠지지만 의사결정
이 빠른 사람, 좀 느린 사람이 있습니다. 사랑이라는 감정에는 뇌
의 의사 결정이 따릅니다.

2단계는 '몰입'의 증상으로 나타납니다. 연애하는 상태에는 뇌
의 상태가 달라집니다. 도파민이 분비되고 교감신경이 활성화되
지요. (사랑의 시작과 몰입) 대상을 만나면 심장이 뛰고 그 사람
을 만나면 주변이 뿌옇게 흐려지는 '아웃포커스' 현상요, '아웃포
커스'는 드라마 밖 현실에서도 나타나는 현상입니다. 사랑의 콩

깍지 상태의 뇌는 마약에 심취한 뇌와 비슷한 부위가 활성화됩니다. 그 대표적인 예가 도파민과 세로토닌 작용으로 세상을 아름답게 보이게 합니다. 그래서 사랑은 그 사람만 아름다워 보이는 게 아니라, 그 사람을 둘러싼 세상도 아름다워 보이게 합니다.

그런데 학자들은 이 사랑의 몰입 현상은 길게는 17개월, 짧게는 1년을 넘기기 힘들다고 말합니다. 사랑에 유효기간이 있다는 것이지요. 워낙 에너지를 많이 쏟기 때문에 계속 그렇게 몰입하다가는 수명대로 못 살고 건강이 나빠질 수밖에 없을 것이라는 말에 공감합니다.

"그럼에도 사랑은 계속 이어진다." "그러나 열정적이고 뜨겁게 불타오르는 미칠 듯한 그런 사랑은 유효기간이 있다." 그러면 이러한 유효기간이 있는 사랑이란 감정이 어떻게 이어질 수 있을까요? 사랑은 새로운 국면을 맞게 됩니다.

3단계는 애착 형성입니다. 미칠 듯한 사랑의 감정이 끝나고 나면 애착 형성의 시기가 옵니다. 이때는 심장도 뛰지 않고 신체 변화도 일어나지 않는데 뇌 속에서 연결이 형성되는 것입니다. 설렘과 자극이 잦아든 자리에는 배우자 신경이 깊숙이 뿌리내리는 것이지요. 사랑은 신경의 연결입니다. 그렇게 뜨겁진 않지만 괜히 없으면 허전하고. '정'이라는 애착 관계를 형성해서 평생을 함께할 수 있는 것이지요. 애착 단계의 호르몬은 옥시토신과 바소프레신으로 옥시토신은 모유 생성에 관여하는 호르몬으로 사회적 신경을 만들게 됩니다. 상대에 대한 신경 회로를 형성해 사랑을 오랜 시간 안정적으로 유지합니다. 바소프레신도 신경회로에서 정교하게 작용해서 배우자 애착에 관여하여 '일부일처 호르몬'이라고도 불린답니다.

영원 같던 사랑에도 끝이 찾아옵니다. '실연의 상처를 빨리 극복하려면?' 뭔가를 잊어버렸다는 걸 확인하려면 그 기억을 다시 끄집어내야 합니다. 아는 것을 '메타인지'라고 하는데, 억지로 뭔가를 잊으려는 생각이 도리어 그 기억을 소환하게 됩니다. 뇌는 시간이 지나면 모든 것을 아름다운 추억으로 포장하는 놀라운 포장 기능이 있습니다. 이별도 아름다운 추억으로 생각하는 것처럼요.

또한 뇌 과학자가 논하는 사랑의 뇌는 이기적이라고 말합니다. 다른 사람을 위해서 나를 희생하는 것은 있을 수 없는 일이지만, 뇌가 확장되어 '나를 위하는 것은 그 사람을 위하는 것' 사실은 이기적인 행동인데, 그 사람을 위해서 '내가 희생하는 것이다.'라고 생각하는 것이지요. 이를 볼 때 어쩌면 사랑을 통해서 뇌의 영역의 확장, 나 중심에서 크게 확장이 되어 사회의 수많은 영웅이 있는 것이 아닐지 생각해 봅니다. 많은 사랑을 경험하며 부지런히 '나'를 확장해 왔을 것이라는 생각이 듭니다.

마음이 뇌에 있다는 증거 중 또 하나는 꽤 오래전에 방영했던 메디컬드라마《브레인(2011)》에서도 나타납니다 드라마에서 의사 윤지혜(최정원)의 뇌를 MRI로 촬영했을 때, 그녀가 사랑하는 사람을 생각하자 뇌의 특정 부분이 반응하는 것을 보고 신경외과 김상철 교수(정진영)는 그녀가 사랑에 빠졌음을 눈치챘습니다.

실제로 대뇌의 변연계(limbic system)는 동기와 정서의 감정을 담당하고 있어 사랑에 빠진 사람의 경우 이 부분에서 남다른 증세를 보이게 된다는 것이 전문가의 의견입니다.

과연 '사랑에 빠진 뇌'가 존재할까요? 카이스트 물리학박사 정재승 교수가 쓴《신경과학과 사랑학(한겨레신문)》이라는 칼럼에서 이야기합니다.

사랑하는 사람의 뇌 활동사진을 찍어보면 광범위한 영역이 활성화되는 것을 볼 수 있습니다. 그 중 흥미로운 것은 사랑하는 연인을 볼 때 우리 뇌 안에서는 감정을 관장하는 영역(편도체 등)보다 '욕구나 동기'를 관장하는 영역의 활동이 더 지배적인 것을 볼 수 있습니다. 사랑하는 사람들이 동정, 황홀경, 갈망, 두려움, 의심, 질투, 당혹, 집중 등 온갖 격정적인 반응을 동반하는 것도 같은 이유에서입니다. 사랑을 연

구하는 신경과학자들은 다른 심리 상태와 마찬가지로 사랑이라는 욕망도 뇌에 있는 특정한 화학물질과 신경회로로 인해 생겨나는 보편적인 마음 상태라고 생각합니다. 사랑하는 연인들을 기능성자기공명영상기(fMRI)라는 뇌 영상장치 안에 들어가게 한 뒤그들의 뇌를 찍을 생각을 했던 최초의 연구자는 『왜 우리는 사랑에 빠지는가』의 저자 헬렌 피셔 박사입니다. 미국 럿거스 뉴저지주립대학 인류학과 연구교수였던 그는 사랑에 빠진 수십 명의 커플에게 연인의 사진을 보여주면서 뇌가 어떻게 반응하는지, 어디로 피가 몰리고 에너지가 활발히 소모되는지 관찰했습니다. 이를통해 마음이 뇌에 있다는 것을 증명하였습니다.

건강한 마음을 위한 감정 표현

앞서 마음은 뇌 속에서 관장한다는 것을 알게 되었는데요. 나태주 시인의 〈마음의 주인〉이라는 시를 읽어보겠습니다.

마음의 주인 / 나태주

눈에 보이지도 않는 조그만 마음 하나
제대로 데리고 다니지 못해 이 고생입니다.

날마다 찔름찔름 넘쳐나는 이 마음 하나
어디라 부릴 곳 없이 이러이 서성입니다.

날마다 날마다는 아니지만 가끔씩

나의 마음을 받아주세요 다스려주세요

갈기 센 마음의 고삐를 잡아
주인이 되어주세요.

마음이란 무엇일까요? 눈으로 어떤 사람을 볼 때, '좋다. 싫다. 예쁘다. 밉다. 기쁘다. 불쾌하다.'는 느낌이 들면 첫 마음이 생기고 있다는 것입니다. 귀로 소리를 들을 때도 마찬가지고, 코로 꽃향기를 맡게 될 때도 그렇습니다. 입으로 말할 때는 더욱 심하게 마음이 일렁이지요. 마음은 의식의 작용이요, 행동의 원동력입니다. 중요한 것은 이 마음이 눈에는 보이지 않는다는 것입니다. "제대로 데리고 다니지 못해 이 고생입니다"라는 시인의 고백처럼 말입니다. 내 마음, 이 마음을 어떻게 갈무리하고 위로해야 할까요?

마음 건강(정신 건강)과 감정

'마음의 건강, 정신 건강' 정신 건강은 문자 그대로 정신 건강을 지칭합니다. 세계보건기구(WHO, 2015)에서 정신 건강이란, '정신 장애나 질환이 없는 상태라기보다는 개인이 그의 능력을 발휘하고, 일상생활의 스트레스에 대응할 수 있으며, 생산적으로 일하고 지역사회에 기여할 수 있는 안녕(well-being)의 상태'라고 정의합니다. 미국 정신보건위원회에서는 정신 건강을 '정신적 질병에 걸려 있지 않은 상태만이 아니라 만족스러운 인간관계와 그것을 유지해 나갈 수 있는 능력'이라고 말합니다.

이러한 측면에서 정신 건강이란 '행복하고 만족하며 원하는 것을 성취하는 것 등의 안녕 상태' 또는 '정신적으로 병적인 증세가 없을 뿐 아니라 자기 능력을 최대한 발휘하고 환경에 적응력이 있으며 자주적이고 건설적으로 자기 생활을 처리해 나갈 수 있는 인격체를 갖추고 있는 상태'를 말한다고 할 수 있습니다.

우리는 '감정'이라는 것으로 마음을 나타내고 말과 행동으로 감정을 표현합니다. 기쁘면 환호성과 함께 환한 표정을 짓기도 하고 펄쩍 뛰기도 합니다. 슬프면 눈물을 흘리거나 아무 말 없이 고개를 숙이거나 어두운 표정을 짓기도 합니다.

이렇듯 불안하거나 초조하고 화가 나는 감정들이 생기는 것은 누구의 잘못이 아닙니다. 자연스러운 신체 반응이지요. 하지만 이러한 감정을 어떻게 표현하느냐가 중요합니다.

화가 난다고 해서 물건을 집어 던지거나 화를 내는 것은 바람직하지 않습니다. 화가 났을 때 그 감정을 주위 사람들에게 피해를 주지 않고 화를 적절하게 푸는 것이 중요합니다. 마음의 병은 자신의 감정을 풀지 못하고 가슴에 쌓이도록 두었을 때 생깁니다.

어떻게 하면 마음에 병이 생기지 않도록 감정을 적절히 풀 수 있을까요?

프로이트의 의식과 무의식

먼저 자신이 느끼는 감정을 표현해야 합니다. 화가 났으면 화가 난 마음을, 슬프면 슬픈 마음을 친한 친구나 부모님, 또는 화가 나도록 한 상대방에게 말로 표현해 보는 건 어떨까요? 그리고 그 이유도 이야기합니다. 너무 교과서적인가요? 하지만 이미 많은 사람들이 경험해 보았듯이 말한다는 것 자체가 감정을 해소합니다. 물론 이야기를 들은 상대방도 이해하게 되고 같이 문제를 해결할 수도 있습니다.

그리고 슬픔, 우울, 불안이라는 감정으로부터 탈출하는 방법입니다. 슬픈 감정만 생각하게 되면 계속 슬픈 감정이 이어집니다. 그러므로 그 감정으로부터 벗어나기 위해 좋은 기억을 떠올리거나 그 감정을 잊도록 다른 일에 관심을 돌리도록 합니다.

이에 대해 지그문트 프로이트(sigmund Freud,1856~1939)는

"과거에 경험했던 것 중에 의식적으로 용납하기 힘들어서 상처가 된 기억이 있다면, 그 기억은 너무 아프고 괴롭기 때문에 의식 깊숙한 무의식의 영역에 갇혀 버린다. 이는 완전히 사라지지 않고 무의식에 가라앉은 채, 다양한 형태로 의식 위로 올라오려 하거나 의식 세계에 영향을 미친다. 그 결과, 의식 표면의 감정이나 환상이라는 변형된 상태로 나타나 사람의 의식과 행동에 영향을 미쳐 '증상'을 형성한다. 그러므로 무의식에 가라앉아 보이지 않는 기억을 자유 연상을 통해 끄집어내는 현재의 기억과 재통합하도록 유도하면 결과적으로 증상이 사라진다는 것이다."

라고 이야기합니다.

여기서 '무의식'은 '의식'이 없는(無) 상태가 아니고 '의식' 아래 (下) 그 무엇(unconscious)을 말합니다. 프로이트는 오늘 무엇을 생각하고 어떻게 행동하느냐는 것은 모두 과거 경험의 영향을 받아 이루어진다고 생각했던 것이지요.

무의식은 빙산의 일각

무의식의 중요성으로, 인간의 행동에는 의식보다 무의식이 훨씬 크게 작용한다는 것입니다. 빙산의 일각이라는 말처럼, 바다 위에 떠 있는 빙산은 눈에 보이는 것보다 잠겨있는 부분이 훨씬 크기 때문에 겉으로 드러난 모습만으로는 빙산의 크기를 짐작할 수 없습니다. 이렇듯 실제로 의식이 차지하는 비중은 훨씬 적을 것이라고 프로이트는 생각했습니다.

1장·마음이건강하다는것

건강한 자아가 성숙한 사람을 만든다

프로이트의 의식수준과 성격 구조

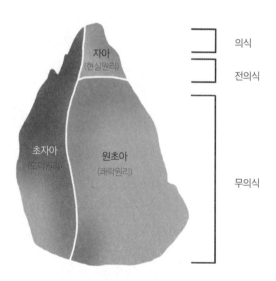

프로이트가 설명하는 이드(본능)는 '무의식' 부분을 담당합니다.

태어날 때부터 사람은 본능 덩어리로, 쾌락만을 좇을 뿐 논리나

언어, 가치 판단과 같은 것은 전혀 갖고 있지 않다고 봅니다. 이드는 공격성과 성(Sexuality)이라는 두 가지 욕구, 즉 사람의 마음을 휘몰아치는 역동 과정으로, 생체 내부에 욕구 긴장을 초래하는 힘을 의미하며, 개체가 어떤 목표를 향해 나아가게 하는 동기가 되는 힘으로 무장된 인간 정신의 기초 발전소와 같아서, 본능적 욕구에 충실합니다.

그에 반해 '슈퍼에고(초자아, superego)'는 인간 정신의 경찰과 같은 것이지요. 태어날 때는 없지만 자라면서 점차 발달하며, 부모가 금하는 것, 사회관계 속에서 학습한 도덕관, 양심 같은 것이 내재화되면서 완성됩니다. 처음에는 혼나지 않기 위해 남의 물건을 훔치지 않고, 화장실에서 볼일도 보지만, 나중에는 양심에 걸려서 그런 행동을 하지 않게 되는 것이지요. 이것이 초자아의 내재화라고 할 수 있습니다. 또 다른 초자아의 기능은 '되고 싶은 것, 하고 싶은 일'을 설정하는 것입니다. 부모나 사회가 "넌 이런 사람이 되어야 해"라고 요구하는 것이 어느새 "나는 이런 사람이 되고 싶어"라는 삶의 목표로 바뀌는 이유도 초자아 때문이라고 볼 수 있습니다.

이 두 중개자 사이에 끼어 있는 존재가 '자아(에고, ego)'입니다. 자아는 의식에만 존재하지 않습니다. 무의식, 전의식, 의식에 걸쳐 존재하고, 초자아와 이드 모두 자아를 통해서만 발현되지요. 자아는 초자아와 이드를 중개하고 균형을 이루며 외부 현실과 관계를 맺습니다. 갈등이 일어날 때 중재하고, 괴로운 일이 기억나면 무마하거나 변형시키기도 하고, 현실에서 일어나는 일을 기록하고 감시하는 일도 합니다.

이렇게 바쁜 자아가 약하거나 부실할 때 정신세계에 문제가 생기는 것이 아닐까요. '이드'라는 거친 동물을 잘 다스리지 못하면 충동을 조절하지 못해 말을 마구 내뱉거나, 공격적인 행동을 하거나, 윤리적으로 용납하지 않는 행동을 하게 됩니다.

반면 초자아라는 경찰을(?) 잘 억제하지 않으면, 작은 일에도 큰 벌을 내리고 일거수일투족을 감시당하며 융통성이 없어지고 항상 벌을 받을까 봐 위축됩니다.

그렇다면 이드와 초자아는 나쁜 것일까요? 그렇지 않습니다. 이드가 없다면 자아는 힘을 발휘할 수 없겠지요. 이드는 생물학적 근원을 갖는 에너지 덩어리라서, 길들지 않은 이드의 에너지를 중화시키고 줄이는 과정이 필요합니다. 초자아가 있어야 사회적인 관계를 맺으며 평화롭게 살 수 있고, 미래의 목표와 동기를 갖고 현재의 어려움이나 귀찮음을 참고 견딜 수 있습니다.

프로이트는 자아를 중심으로 현실, '이드'와 '초자아'가 상호작용하면서 잘 적응하도록 하는 것이 '정신세계의 기본 틀'이라고 말합니다. 어느 한 축이 제대로 기능하지 못하거나 과잉으로 작동할 때 정신의 평온함은 깨지고, 우울, 불안, 실수, 좌절감, 열등감과 같은 여러 가지 괴로움을 겪게 된다는 것이지요.

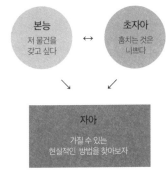

본능, 자아, 초자아의 상호작용

　그러므로 현대의 정신 분석은 자아의 기능에 주목하여, 자아가 튼튼하고 원활하게 기능함으로써 마음의 두 중재자를 잘 조절하고, 현실과 현명하게 관계 맺으며, 덜 괴롭고 잘 적응하도록 돕는 것을 목표로 합니다. 과거의 아픈 기억을 없애는 것이 아니라, 과거의 상처 역시 자신을 구성하는 일부분임을 받아들이고 기꺼이 수용할 수 있는 만큼 자아가 성장해야 비로소 성숙한 인간이라 할 수 있습니다.

　가령, PC 게임을 하고 싶은 '이드'의 충동과 당장 내일로 닥친 시험공부를 하려면 시험 기간 내내 밤을 새워도 모자란다고 다그치는 '초자아'의 압력이 거세지는 시험 전날 밤이라면, 드라마도 보고 밤을 새운 후 멍한 상태로 시험을 보는 것을 택할까요. 아니면 12시까지만 열심히 공부하고 잠도 충분히 잔 후 드라마는 주말에 재방송으로 보는 편을 택하는 것이 좋을까요? 튼튼한 자아와 휘둘리는 자아의 차이는 이런 것이라고 볼 수 있습니다.

나를 보호하는 힘(방어기제)

✦

정신분석 이론에 의하면 우리의 자아는 불안을 처리해 마음의 평정을 회복시키는 노력을 합니다. 이를 전문용어로 '방어기제'라고 합니다. 대부분 소망, 억압, 공포, 불안 등은 무의식 수준에서 진행되어 그 구체적 과정을 의식하기 어렵습니다. 우리의 마음을 고통과 괴로움으로부터 자신도 모르게 스스로 보호하는 것이 방어기제입니다.

학생들과 상담할 때 "선생님, 얘는 너무 방어적이에요. 좀처럼 마음을 열지 않아요."라는 이야기를 들을 때가 있습니다. 여기서 말하는 방어(defense)라는 말은 스스로 무너지지 않기 위한 최선의 노력이라고 프로이트는 정의하고 있습니다.

무의식의 공격적인 충동이나 성적인 내용이 의식으로 올라오면, 의식은 견디기 어렵습니다. 누가 나를 무시하면 화가 울컥 치밀어 오르면서 복수해야겠다는 마음이 들기도 합니다. 프로이트는 이런 끔찍한 충동이나 죄의식을 의식하지 않고 지낼 수 있게끔 방어기제(defense mechanism)가 작용한다고 보는 것이지요.

자아는 본능에서 솟아오르는 충동이나 초자아에서 작용하는 죄의식을 감지합니다. 뭔가 움직임이 있을 때 신호 불안 즉, 위험의 결과로 인해 불안이 생긴다기보다는 위험에 대한 예상 속에서 생기는 불안을 말하며, 불안 신호는 객관적으로 위험한 상황에서는 적응적 반응의 일부이지만, 심리적인 갈등의 상황에서는 충동이나 고통스러운 느낌을 의식하는 데 대해 방어기제의 작동을 부추길 수 있음을 말합니다.

이에 따라 불안의 신호에 따라 자아는 적당한 방어기제를 끌어들여 충동과 죄의식을 인식하지 않게 막습니다. 이러한 방어기제 덕분에 마음속에서 어떤 일이 벌어지는지 신경 쓰지 않고 일상생활을 할 수 있습니다.

미국의 정신과 의사 베일런트(George Vaillant)는 그의 저서 『성공적인 삶의 심리학(Adaptation to life)』에서 방어기제를 미성숙한 방어기제, 신경증적 방어기제, 성숙한 방어기제로 나누어 설명합니다. 미성숙한 방어기제는 자아의 기능이 약하거나 퇴행이 심할 때 작동하는 데 반해, 성숙한 방어기제는 정상적이고 건강한 사람들이 흔히 사용하는 방어기제입니다. 이렇듯 방어가 병리 현상만을 의미하는 것은 아니라는 것을 이해하는 것도 중요합니다. 미성숙한 방어기제는 부정, 투사, 행동화, 건강염려증, 퇴행, 신체화 등을 말하며, 미성숙한 방어기제가 표현된 사례들을 살펴보겠습니다.

미성숙 방어기제

미성숙한 방어기제 중 하나인 '부정(Denial)'은 현실 속에서 어떤 고통스러운 상황을 인식하지 않기 위해 처음부터 그 사건이 없었다는 듯이 여기고 부정하는 것입니다. 부정은 무의식적으로 작동하는 것이기에 거짓말과는 다르답니다.

피츠제럴드의 『위대한 개츠비』에서 개츠비는 부잣집에서 태어나 가족들은 모두 죽었으며, 옥스퍼드대학에서 공부했다는 등의 거짓말을 천연덕스럽게 하면서 마피아 대부와 밀주 판매를 비롯한 여러 불법적인 일을 벌이는 인물로 그려집니다. 개츠비가 불법적인 행위로 성공을 향해 달려가는 이유는 자신이 사랑한 여인 데이지가 파혼하고 자신과 결혼하기를 원하는 일념 때문입니다. 소설의 화자이자 데이지의 친척인 닉 캐러웨이는 지나간 일은 돌이킬 수 없다고 말합니다. 그러나 개츠비는 모든 것을 5년 전의 첫사랑으로 되돌릴 수 있다고 믿습니다.

개츠비의 생각은 너무나 '순수'해서 망상에 가까워 보입니다. 그의 마음 어떤 부분이 지나간 몇 년간의 시간과 변화를 이토록 부정하게 만들었을까요? 개츠비는 데이지가 자신을 떠났다는 사실을 머리로는 알고 있지만 심리적으로 그 상실감을 받아들이지는 못한 것 같습니다.

다음은 '투사(projection)'입니다. 정신과 전문의 강은호 작가의 『상처받은 나를 위한 애도 수업』이라는 책 내용에 영화《건축학개론》이야기가 나옵니다. 이미 두어 번 본 영화인데 강은호 작가의 이야기를 이곳에 옮겨보고는 이유는 뭔가 '아! 이런 의미였구나.' 하는 생각이 들었기 때문입니다.

건축학과 승민은 '건축학개론' 수업에서 처음 만난 음대생 서연에게 반합니다. 함께 과제를 하면서 차츰 마음을 열고 친해지지만, 자신의 마음을 표현하는 데 서툰 순진한 승민은 고백을 마음속에 품은 채 작은 오해로 서연과 멀어집니다. 우리 다시…사랑할 수 있을까? 15년 만에 다시 그녀를 다시 만납니다. 서른다섯의 건축가가 된 승민 앞에 불쑥 나타난 서연...

주인공 서연은 '제주도 학원 출신'이라는 동기들의 말에 상처받고 어릴 적부터 오랫동안 쳐온 피아노를 그만둘 만큼 자기 삶의 주인공으로 살지 못하는 음대생입니다. 15년 만에 다시 만난 서연과 승민의 대화 중 서연의 말입니다.

"아나운서 시험에서 떨어지고, 결혼이나 하자. 뭐 그랬어."

대화 속 서연의 말에서 그녀가 살아온 삶의 발자취가 느껴집니다. 이렇듯 서연의 삶을 엇나가게 하는 것은 무엇이었을까요? 뒤에서 '제주도 학원 출신'이라고 놀리던 학교 동기들일까요? 아니

47

면 자신의 마음을 알아주지 못하고, 좋아하면서도 말 한마디를 건네지 못하는 승민 때문일까요? 아니면 삶의 주인이 되지 못하고 타인의 시선에 따라 살았던 서연 자신 때문일까요? 아마도 서연은 학교 동기나 승민 때문에 자기 인생이 망가졌다고 생각할지 모릅니다.

투사(projection)는 상황을 남 탓으로 돌리는, 즉 '남 탓'을 방어기제로 삼습니다. 불쾌하고 받아들이기 어렵거나 감당할 수 없는 충동을 내부에 담아두지 않고, 그것이 외부에 있는 양 인식하고 반응하는 것입니다. 자신의 실수를 인정하거나 현실로 받아들이지 않고, 자신이 아닌 남의 탓으로 생긴 일이라고 주장하거나, 주변의 환경에 의해 일어난 일이라고 생각합니다. 그 결과, 자신은 책임지지 않아도 되고 무죄라고 인식하면서 죄의식에서 자유로워집니다. 남의 탓으로 돌리는 것이 마음 건강에는 도움이 될 때도 있을지 모르지만, 매사 일들을 남의 탓으로 돌리다 보면 세상을 순탄하게 살기는 어렵습니다.

행동화(acting out)는 무의식 충동이나 소망을 행동으로 표현함으로써 그와 연관된 감정을 느끼지 않으려는 것입니다. 대개 사람은 마음의 충동이나 소망을 억제하는데 그 과정이 불편하고 힘들 수 있습니다. 그런 사람은 억제하지 않고 바로 행동으로 표현하기도 합니다. 가령 화가 나면 참거나 말로 표현하지 않고, 주먹으로 벽을 치거나 상대방을 때립니다. 그렇지만 왜 화가 났고 때리는지 좀처럼 설명하지 못하는 데 이는 그것과 직접적으로 관련한 환상이나 충동에 얽힌 감정을 의식에서 인식하지 않기 위해 행동으로 옮겼기 때문입니다.

건강 염려증(hypochondriasis)에 대한 예는 주위에서 많이 발견할 수 있습니다. 다른 사람과의 관계에서 이득을 얻거나 퇴행하기 위해서, 사소한 신체적 불편함을 심한 증상이라고 여기며 신체 질환을 지나치게 걱정합니다. 대인관계에서 누군가를 잃을 위험에 처해 있거나, 외로움을 심하게 느끼거나, 타인에 대해 무의식적으로 공격하려는 충동이 강하게 솟아오를 때 이러한 감정이 너무 강해서 견디기 어려운 데도 직접 표현할 수 없기 때문에 발생합니다.

이 경우 아프다고 호소하거나 병이 있거나 감각이 이상하다고 걱정하는 형태로 표현하며, 기분 좋지 않은 상태가 유지됩니다. 이 증상은 아픈 사람에게서만 드러나지는 않으며, 일시적으로도 발생할 수 있습니다.

퇴행(regression)은 현재 맞닥뜨린 갈등이나 긴장을 피하고자 과거의 발달 단계 수준으로 되돌아가는 것을 말합니다. 예를 들어, 동생이 태어나면 형이 아우와 같은 신체 발달 상태로 돌아가는 것을 의미합니다. 5세 아이에게 동생이 생겨서 사람들의 관심이 모두 동생에게 쏠리자, 아이는 잘 가리던 대소변을 가리지 못해 이불에 지도를 그리거나, 3세 아이처럼 말하는 경우가 그렇습니다. 이전처럼 사랑받지 못하자 스트레스를 받은 아이가 더 어린 시기의 발달 단계로 일시 퇴행한 것이죠.

성인은 어떨까요? 어른이 되어서도 삶에 지치거나 힘들어도 퇴행이 나타날 수 있습니다. 예를 들면, 30년 만에 만난 고등학교 동창 모임에서, 모두 사회적으로 지위가 있는데도 어느새 10대 후반으로 돌아가서 어릴 때의 별명을 부르거나 유치한 농담을 하면서 와자지껄 떠드는 경우가 그렇습니다. 모임이 끝나면 오랜만에 사회생활의 스트레스가 풀렸다며 즐거워합니다. 퇴행한 상태에서는 어른으로서의 사회적 책임이나 체면에서 벗어날 수 있었기 때문이지 않을까 합니다.

신체화(somatization) 증상도 흔히 볼 수 있는 예입니다. 이는 무의식의 갈등이나 욕망이 정신적인 내용을 담고 의식으로 올라오지 않고 신체 증상으로 표현되는 것입니다. 대개 이유 없이 배가 아프거나 머리가 아프다고 호소하는 경우가 많습니다. 심리적인 상태를 말로 표현하는 것이 익숙하지 않은 청소년이 정서적인 어려움을 겪을 때 흔히 신체화로 정서적 불편함을 표현합니다.

심리적 상태를 말로 표현하는 것이 익숙하지 않은 어린아이가 정서적으로 어려움을 겪을 때 흔히 신체화로 정서적 불편함을 표현하는 걸 보곤 합니다. 아직 심리 발달이 성숙하지 않은 초등학생이나 청소년은 스트레스에 대한 표현이 신체화 증상으로 나타날 수 있습니다.

이혼을 고려할 정도로 갈등이 심한 부모 밑에서 자라는 청소년 자녀가 이유 없이 머리가 아프다며 조퇴를 반복하는데 검사해도 별다른 이유가 없는 것이 전형적인 신체화의 표현입니다. 건강 염려증과는 달리 심한 병에 걸렸다고 걱정하지는 않으며, 신체 증상에 대한 통증과 불편함만을 호소하는 증상을 말합니다. 특히, 청소년들은 시험 기간이 가까워지면 신체화 증상을 호소하는 경우가 많습니다.

그 외 신경증적 방어기제에는 '억압'과 '합리화'가 있습니다. '억압'은 의식으로 받아들이기 고통스러운 내용을 '무의식' 속에 가두는 것입니다. 선택적 기억상실증이 신경증적 방어기제에 해당합니다. 합리화는 이솝우화 '여우와 포도'에 나옵니다. 포도 따기를 포기한 여우가 자신의 무능력을 인정하지 않고 "저 포도는 시어서 먹지 못하겠다."고 스스로 변명하는 것은 현실을 왜곡한 자기합리화에 불과합니다.

성숙한 방어기제

성숙한 방어기제는 이타주의, 금욕주의, 승화 등을 말합니다.

이타주의(altruism)는 자신보다 타인을 돕는 행위입니다. 본능적인 욕구충족을 타인을 돕는 일로 대신하는 행동으로 이타적 포기라는 말도 있는데, 이는 자신이 직접 욕구를 충족하는 대신 다른 사람이 충족할 수 있도록 도와서 대리 만족을 느끼는 것입니다. 가족을 위해 자신의 즐거움을 모두 희생하는 어머니라든가, 구호단체에 기부하는 것도 '이타주의'의 예라 할 수 있습니다. 자신보다 타인을 돕는 행위를 '이타주의'라고 합니다.

금욕주의(asceticism)는 현실에서 경험할 수 있는 욕망의 충족과 쾌락을 없애고, 금욕을 통해 만족을 얻는 태도입니다. 도덕적인 면이 강하게 작용하며 놀고 싶고 갖고 싶은 것도 많지만, 대학 진학을 위해 포기하고 공부만 하는 것도 금욕주의라고 볼 수 있습니다.

'승화(sublimation)'는 가장 성숙한 방어기제로 볼 수 있는데, 사회적으로 용인되거나 바람직한 목적을 추구하여 무의식적인 욕망을 충족하는 행동으로, 본능적인 에너지가 가로막히거나 분산되지 않고 바람직한 방향으로 배출되는 현상을 말합니다. 즉 많은 예술가가 표현하는 미술작품이나 음악, 시 소설 등의 문학 작품으로 표현되는 것들입니다. '승화'는 유머의 형태로 나타나기도 합니다. 유머는 불쾌하고 기분 나쁘거나 공격적인 충동이 생겨도 농담으로 방어하는 것입니다. 그 덕분에 불쾌한 감정을 견딜 수 있고, 공격적인 행동을 하지 않고도 넘어가게 되는 것이지요.

식당에서 주문한 것보다 훨씬 많은 돈이 나와서 아버지가 얼떨결에 카드로 계산했습니다. 집에 돌아와 꼼꼼히 확인해 보고는 환불받으려고 식당을 찾아갑니다. 그런데 사장은 실수를 인정하지 않고 아버지가 잘못 주문한 것이라며 발뺌했습니다. 아버지는 화를 낼 수도 있었지만 "나이는 들었지만 아직 치매는 아니라오." 라고 농담하며 오히려 가족들을 달래는 경우에 해당한다고 볼 수 있습니다.

---

* 『청소년을 위한 정신의학 에세이(하지현, 신동민, 해냄)』, 나를 보호하는 무의식적 방법-방어기제 인용

프로이트 무의식의 큰 특징 중 하나로 '무시간성(timelessness)'이 있습니다. 예를 들어, 어떤 사건이나 감정이 20년 넘어 다른 기억이나 감정들이 다 사라져도 어떤 대상과 관련된 것은 그대로 남아 있는 것을 의미합니다. 이루지 못한 첫사랑이나 시집살이 이야기 등이 그런 예이지 않을까 싶습니다. 최대규 시인의 『정원학 강의』라는 시집에 수록된 〈첫사랑〉이라는 시를 읽어보면 무시간성에 공감하리라 생각합니다.

첫사랑 / 최대규

당신을 만날 때가 이만하였다면
수풀 아래 꽃들 사이였을 거예요.
돌의 노래와 바람의 눈짓과 사람의 온기,
당신은 말 하였지요.
얼마나 아뜩하던지 술 취한 듯 몇 날을 그냥 보냈습니다.
어찌하면 첫 날로 돌아가서 무심한 듯 남 아닌 남으로 우리 자리
할까요.
몸살처럼 몇 해를 앓았습니다.
신열이 내리고 옛날을 안아줄 즈음의 나이가 되어 그것이 사랑인
줄 알았습니다.

첫사랑 시를 살펴보면 첫사랑을 기억하는 것이 신열이 내리고

옛날을 안아줄 즈음의 나이가 되었을 때 사랑임을 알았다고 고백합니다. 그 고백이 수풀과 꽃들, 바람, 사람의 온기로 기억합니다. 세월이 흘러도 이러한 기억은 생생하게 남아 있는 것이지요. 그 기억은 지독하여 술에 취한 듯 몇 날을 보냈다고 말합니다. 어찌하면 첫날로 돌아가서 무심한 듯 남 아닌 남으로 자릴 할지. 시인은 몸살처럼 몇 해를 앓았다는 말로 고백합니다.

이렇듯 사랑의 감정도 무시간성을 드러내지만 억울했던 일들도 생생하게 기억에 남는 경우도 있습니다. 어린 시절의 상처 받은 말을 기억하고 잊지 못하거나, 칭찬을 잊지 않고 기억하는 경우가 그렇습니다.

청소년기 마음 건강관리가 중요한 이유

청소년기의 마음 건강에 대해 이해하려면 먼저 청소년기의 정신적 특성을 이해해야 합니다.

청소년기의 정신적 특성

아동기에서 성인기로 옮겨지는 과도기인 청소년들은 신체적 · 심리적 · 사회적 발달을 급격하게 경험합니다. 이러한 급격한 변화는 대다수의 청소년에게 나타나는 공통적인 특성이며 동시에 각 개인의 특성과 상황에 따라 독특한 발달 특성을 보입니다. 많은 문제와 혼란의 시기로 인식되는 청소년기는 흔히 사춘기와 함께 시작됩니다. 이 시기를 특징짓는 기본적인 발달적 변화는 생리적 변화, 이전 시기보다 더욱 발달 된 인지적 능력 변화, 다양해진 사회관계 속에서 새롭게 획득하는 역할 변화 등입니다.

청소년들의 일반적이고 전체적인 발달 특징은 청소년기 전기에는 급속한 신체적 성장변화와 인지적 발달을 보이며, 청소년기 후기에는 자아정체감 확립과 더불어 청년 및 성인 생활을 준비하기 위한 여러 가지 과업에 집중하게 됩니다.

청소년기에 형성되는 자아 개념은 자아 개념, 자아존중감, 자아정체감 등이 있습니다. 자아개념은 개인의 신체적 특징, 능력, 특성, 가치관, 흥미, 역할, 사회적 신분 등을 포함하며, '나는 누구이며 무엇인가를 깨닫는 것'을 뜻합니다. 즉 자아 개념이란 그가 어떤 사람인지, 어떤 행동을 하는지, 주위 환경에 어떤 반응을 하는지 등 그 자신의 핵심적인 부분으로 자신에 대해 갖는 이미지와 자기에 대한 신념 체계라고 볼 수 있습니다.

자아존중감이란 개인이 자신의 특성과 능력에 대해 지니고 있는 생각, 판단, 태도, 감정, 행복 및 기대 등을 포함하는 개념으로 한 인간의 발달 과정에서 핵심적 역할을 수행하며 개인 정신건강의 중추적 역할을 합니다. 즉 자신의 가치, 존엄성에 대한 인식으로 자기를 존경할 줄 아는 능력, 건전한 자기 사랑의 능력이며 자신에 대한 확고한 믿음이라고 볼 수 있습니다.

자아정체감이란, 자신에 대해서 통합된 관념을 가지고 있느냐에 대한 개념이라고 볼 수 있습니다. 자아정체감이 형성되었다는 것은 자신의 성격, 취향, 능력, 관심, 인간관, 세계관, 미래관 등에 대해 비교적 명료한 사고를 하며 그런 이해가 지속적인 통합성을 가지고 있는 상태를 말합니다.

또한 청소년기에는 자신의 주장과 의지가 강해지며, 그들끼리의 하위문화를 형성해 권위에 반항하려는 태도를 보입니다.

서울대 소아정신과 김붕년 교수는 '이때 부모가 주목해야 할 것은 자녀의 태도가 아닌 뇌'라고 주장합니다. 그는 EBS TV 《부모 클래스》에서 뇌는 신경망을 과잉 생산한 후 가지치기를 하며 발달하는데, 청소년기에는 사회성, 감정 조절, 판단과 관련한 전두엽에서 이 작용이 많이 일어납니다. 그 때문에 청소년은 전두엽의 기능이 일시적으로 하락해, 정서 조절에 어려움을 겪게 된다고 합니다. 여기에 충동성을 더욱 자극하는 자신이 느끼는 사건에 대해 공포와 불안을 느끼며 예민성까지 높아집니다.

청소년 마음 건강의 현주소

정신이 건강하지 못한 사람은 정신적·신체적으로 발달 시기에 맞지 않는 생각과 감정, 행동을 보이며, 스스로를 돌보지 못하여 주변 사람에게 피해를 줄 수 있으므로 본인과 사회의 적극적인 노력으로 적절히 관리해야 합니다. 특히 청소년기의 마음 건강관리는 신체적인 건강 못지않게 중요합니다. 다음은 한 여론기관 온라인 설문조사를 바탕으로 한 청년의 물리적 고립에 관한 통계를 통해 물리적 고립에 대해 살펴볼 수 있습니다.

고립감

한 언론사의 온라인 설문조
사에 따르면 청년 2명 중 1명
은 연락을 두절한 채 스스로
방 안에 자신을 가두는 고립
상태(물리적 고립)를 경험했
다고 합니다. 이는 학창 시절

가족 외에는 만나지
않는 고립 상태를
경험한 적 있다

없음 50.0 % 있음 50.0

매일 3.4

정서적으로 의지할
사람 없거나
심리적 고립감을
경험한 적 있나

종종 21.1 % 없음 18.9

가끔 56.6

《출처》서울신문사(2022)

부터 무한 경쟁에 내몰려 살아남아야 한다는 압박감 혹은 학교폭
력, 가정폭력, 진학 실패 등 부정적 경험의 무게에 짓눌린 청년들
이 주변의 도움조차 기대하지 못하게 되자 '마음의 문'에 빗장을
걸어 잠근 것으로 보입니다.

물리적 고립은 가족 외 타인과 직접적인 접촉 없이 생활 유지에
필요한 최소한의 외출만 하거나 전혀 외출하지 않는 상태를 말합
니다. 위 설문조사에 의하면 고립 기간은 '1개월 이내'가 36.1%로
가장 많았고 '1개월 이상~3개월 이내' 31.3%, '3개월 이상~1년 이
내' 19.8% 순이었으며, 1년 이상의 고립 상태를 경험했다는 비율
도 12.8%로 적지 않았습니다.

또한 정서적으로 의지할 사람이 없거나 혼자뿐이라는 심리적 고
립감을 느낀 적이 있느냐는 질문에는 81.1%가 "그렇다"고 답했습
니다. '가끔 고립감을 느낀다'는 비율이 56.6%로 가장 많았고 '종
종 느낀다'(21.1%), '매일 느낀다'(3.4%)가 뒤를 이었습니다. 고립의
원인에 대해선 응답자의 26.7%는 '성격 등 개인 문제'라고 답했

으며 '대학 · 취업 등 실패 경험'(19.4%), '소득 · 주거 등 경제적 문제'(14.2%), '따돌림 · 폭력 경험'(12.9%)을 꼽은 응답도 있었습니다.

코로나19가 고립을 심화시키는 데 영향을 미쳤느냐는 질문에 71.9%가 그렇다고 했으며, 이 중 "매우 그렇다"는 답변도 23.1%나 됐습니다. 이는 "코로나 기간 사회적 거리 두기로 친구와 선생님과 만나지 못해 소통이 단절돼 고립이 심해진 것 같다." 학생들의 생각과도 일맥상통합니다.

학업 스트레스

한국에 만연한 1등 지상주의로 극심한 학업 스트레스를 호소하는 청소년들. 김붕년 교수는 힘든 과정을 겪는 청소년들의 코로나19 이후 변화를 4천만 건의 SNS 데이터로 분석해 정리했습니다.

급격하게 늘어난 청소년의 온라인 문서의 양 속에 언급이 늘어난 단어는 바로 '갓생'! 'God'과 인생을 합친 신조어로, 열심히 살며 원하는 목표를 이루는 삶을 뜻하는 것입니다. 이는 '열심히', '대학' 등의 키워드와 연결됐고, 열심히 공부해서 좋은 대학에 가고 싶은 청소년들의 심리를 알 수 있었습니다. 그러나 '온라인 수업', '집중력 저하' 등의 단어와 함께 '우울증'의 언급 양도 매우 많았습니다. 아이들은 '부모님께 힘들다고 말해도 도움이 되지 않는다.'라고 느끼며 혼자 힘듦을 해결하려고 합니다.

보건복지부「2021년 정신건강실태조사」에 의하면, 정신장애 1년 유병률은 남자 8.9%, 여자 8.0%, 전체 8.5%였으며, 니코틴 사용 장애를 제외한 1년 유병률은 남자 5.2%, 여자 7.6%, 전체 6.4%로 여자의 경우 남자보다 1.5배 높았습니다. 정신장애 평생 유병률은 남자 32.7%, 여자 22.9%, 전체 27.8%로, 성인 4명 중 1명이 평생 한 번 이상 정신건강 문제를 경험하고 있는 것으로 나타났습니다.

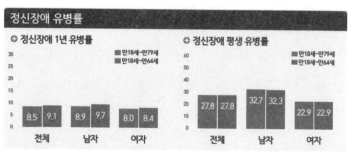

* 유병률: 어떤 시점에 일정한 지역에서 나타나는 병자 수와 그 지역 인구수에 대한 비율

연도별 정신장애 1년 유병률은 2021년 9.1%로 2016년에 비해 3.5% 감소했으며, 이전에 비해 감소하는 추세입니다.

또한 원격교육이나 온라인 등교 때문에 스마트폰과 인터넷 사용이 아이들의 일상 속으로 깊숙이 들어오면서, 게임이나 인터넷 중독 문제가 더 심각해졌습니다. 코로나19 이후 청소년들의 우울, 자살과 같은 정신건강 문제가 쓰나미처럼 올 것이라고 세계보건기구는 예견하였습니다. 무엇보다 우리나라 청소년들의 사망 순위 중 자살이 9년째 1위입니다. 중학생 시기는 강박 증상을 포함하는 불안장애 증상이 발현되는 발달 단계상 중요한 시기이며, 거식증과 같은 섭식장애, 자살 사고와 연관된 우울감이 일탈행동의 양상으로 표현되는 시기이자, 개인의 자아정체감 형성 단계에서 정신적·사회적으로 중요한 건강 발달 시기입니다.

이렇듯 물리적 고립과 1등 지상주의로 극심한 학업 스트레스를 호소하는 청소년들. 원격 교육이나 온라인 등교 때문에 스마트폰과 인터넷 사용이 아이들의 일상 속으로 깊숙이 들어오면서, 게임이나 인터넷 중독 문제에 빠진 청소년들. 코로나19 이후 청소년들의 우울, 자살과 같은 정신건강 문제가 증가하는 이때 청소년 건강관리는 어떻게 해야 할까요?

청소년 마음 건강관리는 어떻게?

올바른 마음 건강을 유지하기 위해서는 학생 시기에 바람직한 성격을 형성하는 것이 중요합니다. 청소년기는 아동기에서 성인기로 발전하는 중간 단계입니다. 그 때문에 이 시기가 개인적 성격을 형성하는 데 매우 중요합니다.

청소년 시기는 신체적 성숙이 급격히 이루어져서 육체적으로 성인에 가깝지만, 사회적으로는 아직 독립하기 어려운 상태이므로 혼돈과 좌절을 경험하게 됩니다. 이에 따라 학업이나 일상생활에서 의욕이 넘치기도 하지만 때로는 분노, 우울과 불안의 감정이 발생하고 크고 작은 적응상의 문제로 고민하고 어려워하는 학생들을 많이 만나게 됩니다. 이러한 혼란의 시기를 경험하는 과정에서 여러 가지 정신 문제 등이 나타날 수 있습니다.

그러므로 십대 청소년들의 정신건강 문제는 조기에 발견하여 조절하게 되면 건강한 성인으로 성장할 수 있도록 도움을 주어야 합니다. 이를 조기에 치료하지 못하고 방치하게 되면 성인이 되어 치료가 어려워질 수 있습니다.

또한 학생들에게 발생하는 정신건강 문제는 인지능력 저하, 대인관계의 어려움, 문제 행동 및 사회적 부적응 등을 발생시키게 되어 성인이 된 이후에도 가정생활, 직장생활, 사회 적응을 방해할 수 있습니다. 그러므로 학생의 정서 행동 문제는 일생에 걸쳐 영향을 미칠 수 있는 중요한 문제이기 때문에 학생들의 정신건강 문제를 조기에 발견하고 관리하는 것이 중요합니다. 무엇보다 청소년들이 정신 건강 문제를 경험하지 않고 슬기롭게 자라도록 도와야 합니다.

이를 위해 부모는 자녀를 어떻게 대해야 할까요?

부모는 자녀를 소유로 대하지 않고 개별적으로 존중해 주어야 합니다. 왜냐하면 자녀는 부모에게 와서 언젠가는 떠날 존재이기 때문입니다. 자연을 손님처럼 대하듯이 자녀도 손님처럼 귀하게 아끼고 사랑해 주어야 합니다.

2장

마음 건강을 위해
필요한 것

삶을 의미 있게 하는 것들

✦

물질적 안정을 이룬 사회의 사람들은 삶의 의미를 어디에서 찾을까요. 지난 3년 여 코로나19 대유행은 사람들이 인생에서 중요하게 생각하는 가치를 바꿔놓았을까요. 저마다 살아가는 세상 문화의 차이에 따라 중요시하는 가치도 각기 다를까요.

미국의 여론조사기관 퓨리서치센터는 한국을 포함한 17개 선진국 성인 1만 9천명을 대상으로 "삶을 의미 있게 하는 것은 무엇인가"를 조사해 그 결과를 발표했습니다. 퓨리서치센터는 "삶을 의미 있게 만드는 원천 중 한 가지가 압도적으로 우세하다는 사실은 분명했다"며 "조사대상 17개국 가운데 14개국에서 가족과 아이들을 가장 많이 꼽았다"고 밝혔습니다.

국가	1위	2위	3위
대한민국	물질적 풍요	건강	가족
호주	가족	직업	친구
뉴질랜드	가족	직업	친구
스웨덴	가족	직업	친구
프랑스	가족	직업	건강
그리스	가족	직업	건강
캐나다	가족	직업	물질적 풍요
싱가포르	가족	직업	사회
네덜란드	가족	물질적 풍요	건강
벨기에	가족	물질적 풍요	직업
일본	가족	물질적 풍요	직업
영국	가족	친구	취미
미국	가족	친구	물질적 풍요
독일	가족	직업/건강	
이탈리아	가족/직업		물질적 풍요
스페인	건강	물질적 풍요	직업
대만	사회	물질적 풍요	가족

《출처》삶의 의미. Pew Reserch Center

　가족을 1순위로 꼽지 않은 나라는 3개국입니다. 스페인, 대만,
한국이 해당합니다. 스페인은 건강, 대만은 사회, 한국은 물질적
풍요를 1위로 꼽았습니다.

　퓨리서치센터가 조사한 결과 인생에서 중요한 것 1위는 가족, 2
위는 직업, 3위는 물질적 풍요를 꼽은 비중이 높은 것으로 나타났
습니다.

　다른 나라라고 물질적 풍요를 언급한 비중이 낮은 것은 아니었
습니다. 전체적으로 삶에 의미 있는 요소로 가족(38%), 직업적 성
취(25%) 다음으로 물질적 풍요(19%)를 많이 꼽았습니다. 모든 국
가에서 물질적 풍요는 상위 5개 항목에 포함됐습니다. 그러나 물

2장 · 마음 건강을 위해 필요한 것

질적 풍요가 1위인 국가는 한국이 유일했답니다. 충분한 수입, 빚이 없는 상태, 음식, 집 등이 물질적 풍요에 해당합니다.

순위	행복 요소	언급 비율*
1	**물질적 풍요**	**19%**
2	몸과 정신의 건강	17
3	가족과 아이	16
4	일반적 만족감	12
5	사회활동과 사회적 지위	8
6	자유와 독립	8
7	직업과 경력	6
8	친구와 모임활동	3
9	취미와 오락	3
10	자연과 외부활동	2

삶을 의미 있게 만드는 것, 한국인들이 뽑은 순위 © Pew Reserch Center

한국인들이 꼽은 순위는 물질적 풍요(19%), 건강, 가족, 지위, 사회 순이었습니다. 다른 나라에서는 삶에 가치를 부여하는 원천으로 2~3위에 해당하는 직업적 성취를 꼽은 응답자는 6%에 불과했습니다. 파트너와의 관계, 친구나 이웃과의 관계 등 인간관계를 꼽는 응답자 비중도 상대적으로 낮았습니다. 자연 및 야외활동이나 취미가 중요하다고 꼽은 비중도 비교 국가 중 최하위였습니다.

다른 나라 사람들은 어떻게 답했을까요.

호주, 뉴질랜드, 그리스, 미국에서는 응답자의 절반 이상이 '가족'을 삶의 중요한 가치로 꼽았다는 것을 주목해 봅니다. 통계조사에 따르면 가족이 삶을 의미 있게 만든다는 답변에는 부모, 형제, 자녀, 손자와의 관계, 그들과 함께 보내는 시간에 대한 만족감, 자녀와 친척의 성취에서 얻는 자부심, 자녀들에게 더 나은 세상을 물려주고자 하는 열망 등이 포함됩니다.

미국은 '종교/영적 생활'이 중요하다는 응답자가 15%로 우선 순위 4위로 꼽혔습니다. '종교/영적 생활'이 상위 5위 응답 항목에 포함된 국가는 미국이 유일했습니다. 뉴질랜드(5%)와 호주(4%)에 서도 '종교/영적 생활'을 꼽은 비중이 상대적으로 높았지만 종교 생활을 중요시하는 비중은 미국이 압도적이었습니다.

대만과 싱가포르 응답자들은 '사회'를 중시했습니다. 퓨리서치 센터는 생활의 편리함이나 코로나19 대유행 속의 안전, 정치적 자 유 등을 누릴 수 있는 이유로 "대만에서 태어났기 때문"이라고 답 한 대만의 한 여성 응답자를 소개했습니다. 싱가포르 응답자 역시 싱가포르에서 누리는 사회 안정을 중요한 가치로 꼽았습니다. 독 일, 프랑스인 등도 자국의 보건 시스템에 대한 자부심을 드러냈지 만 사회를 인생에 유의미한 요인으로 꼽은 비중은 상대적으로 낮 았습니다.

취미를 중요시하는 비중은 영국에서 가장 높았습니다. 뉴질랜 드, 호주, 스웨덴에서는 자연을 꼽은 비중이 높았으며 한국, 대만, 싱가포르 등 아시아 국가에서는 순위가 낮은 것으로 나타났습니다. 특별한 것보다는 일반적인 것이 좋다는 응답 비율은 독일, 한국에서 높았음을 눈여겨 볼 수 있습니다.

한국(62%)과 일본(59%)의 응답자들은 인생의 의미를 더하는 요인으로 한 가지만 답하는 비율이 높았답니다. 평균(34%)보다 두배 수준에 달했습니다. 물질적 풍요가 인생에서 중요하다고 답한 사람들의 비중은 스페인(42%)이 한국(19%)보다 높지만, 이 항목이 한국에서는 1위로 나온 것이 한국인들이 답변으로 한 가지만 언급했기 때문이라고 퓨리서치센터는 전했습니다.

물질적 풍요를 1위로 우리나라 사람들이 꼽은 이유가 한 가지 답변을 요구했기 때문이라고 하지만 왜 이런 결과가 나왔을까요? 우리 사회가 물질 만능을 중시하고 지나치게 추구하기 때문은 아닐까요? 우리 청소년들이 학업과 진로에 대한 스트레스를 꼽는 이유도 이것과 연관되어 있지 않다고는 결코 장담할 수는 없습니다.

내 아이가 듣고 싶은 말

✦

앞서 통계를 통해 삶의 의미를 찾는 나라별 우선순위는 나라마다 추구하는 가치와 문화, 삶의 방식에 따라 조금씩 다른 것을 생각해 보면서 가족에 대한 가치도 눈여겨봐야 할 것 같습니다. 우리나라의 청소년들은 초등학교부터 원치 않게 경쟁에 내몰리는 안타까운 모습을 흔히 보게 됩니다. 이러한 경쟁 속에서 학생들이 부모님께 가장 듣고 싶어 하는 말은 무엇일까요?

《헤럴드경제》 2022년 2월 22일 기사에 의하면, 학생들이 부모님과 선생님에게서 "잘했어."라는 말을 가장 듣고 싶어 하는 것으로 나타났습니다. 또 서울시교육청은 학교폭력예방교육의 일환으로 실시한 '소통·배려·성장 캠페인 공모전'에서 학생과 선생님, 부모가 듣고 싶어 하는 말을 10개씩 응모하여 빈도순으로 선정했습니다. '너에게 듣고 싶은 따듯한 말 한마디' 캠페인 공모전 결과, 학생이 부모님에게 가장 듣고 싶은 말은 "우리 딸·아들, 정말 잘했어."였고, "항상 사랑한다." "넌 지금도 잘하고 있어." "오늘도 수고 많았어." 순으로 나타났습니다.

건강하세요
잘하고 있어
걱정마세요 **최고야 함께하자**
수고했어 파이팅!
감사합니다 **사랑해** 힘내자!
진로, 미래에 관한 말 하고싶은 일 해
존경합니다 정말 잘했어!
넌 지금도 잘하고 있어
믿어! 주변사람의 인정
안부의 말

	부모님에게 듣고 싶은 말	선생님에게 듣고 싶은 말	친구에게 듣고 싶은 말
1	우리 딸 아들 정말 잘했어	참 잘했어요	내 친구가 되어줘서 고마워
2	항상 사랑한다	괜찮아 잘하고 있어	우리 같이 놀자
3	넌 지금도 잘하고 있어	함께 열심히 해보자	너 정말 잘한다
4	오늘도 수고 많았어	정말 수고 많았어	넌 지금도 충분히 잘하고 있어
5	괜찮아 다 잘 될거야	포기하지마, 할 수 있어	너는 나의 좋은 친구야
6	태어나줘서 고마워	앞으로 힘내자! 파이팅	넌 정말 대단해
7	넌 잘할 수 있을 거야	항상 잘 따라와줘서 고마워	괜찮아, 잘했어
8	우리 같이 놀러 가자	넌 정말 성실한 학생이야	포기하지마, 넌 할 수 있어
9	넌 최고의 선물이야	넌 참 착하구나	우리 같이하자
10	하고 싶은 대로 해도 돼	시험 100점!	나랑 친하게 지내자

《출처》학생이 듣고 싶은 말 TOP10, 서울시교육청, 2022

아울러 선생님에게서 듣고 싶은 말 역시 "참 잘했어요."였으며, "괜찮아, 잘하고 있어." "우리 함께 열심히 해보자." "정말 수고 많았어."가 뒤를 이었습니다.

친구에게는 "내 친구가 되어 줘서 고마워."라는 말을 가장 듣고 싶어 했고, "같이 놀자." "너 정말 잘한다." "넌 지금도 충분히 잘하고 있어."와 같은 말을 듣고 싶어 하는 것으로 나타났습니다.

부모가 자녀에게 듣고 싶은 말은 "엄마·아빠 아들·딸이라서 너무 행복해." "사랑해요." "고마워요." 순이었으며, 선생님이 학생에게 듣고 싶은 말은 "항상 감사합니다." "선생님 수업이 제일 재미있어요." "우리 선생님이 최고예요." 순으로 나타났습니다.

아이의 자존감을 세워주는 칭찬 한마디

학생들도 타인에 의해 인정받는 말을 듣고 싶어 합니다. 자아존중감의 요소 중 가족이나 선생님, 친구들의 칭찬이 중요한 대목임을 알 수 있습니다.

학교에서 실시하는 자아존중감 증진에 대한 수업 내용 중에 중학생의 자아존중감에 미치는 영향 요인은 학업, 친구, 가정, 신체 외모, 신체 능력, 성격, 교사 관련 요소로 나뉘고 있습니다. 자아존중감에 미치는 영향 요인은 타인으로부터 받는 존중, 성공 경험, 자신에 대한 긍정적인 평가, 정서적 만족도, 신체에 대한 긍정적인 지각, 환경과의 상호 작용 이해 등입니다. 즉 자아존중감은 이와 같은 요인을 자주, 많이 경험하도록 노력하면 높아질 수 있습니다. 가정에서 아이를 자주 칭찬할 때 자아존중감은 더욱 높아집니다. 부모님들이 자녀를 양육할 때 염두에 두어야 할 일입니다.

한번은 수업 시간에 자신이 받았던 칭찬 한마디를 질문해 보았습니다. 대부분의 학생들은 '널 믿어', '넌 잘할 수 있어.', '그동안 수고 많았어.'라고 칭찬받았을 때 아이들은 자존감이 높아진다고 발표합니다. 우리 아이들이 듣고 싶은 칭찬을 기억하시고 아이들의 기를 살려주시기 바랍니다.

수면과 휴식이 주는 힘

✦

중학교 1학년생들과의 수업에서 '건강의 중요성'에 대해 발표한 이야기 중 인상 깊은 것이 있어 소개합니다.

'건강이란 (　　)이다.
왜냐하면 (　　)기 때문이다'라는 활동에 대한 학생들의 결과물인데,

"건강이란 (잠을 잘 자는 것)이다.
왜냐하면 (잠을 잘 자야 집중할 수 있기) 때문이다."

위 질문에 대한 대답을 읽고 한참을 되뇌어 보았습니다. 그만큼 자라는 학생들에게 잠이란 참 소중한 또 다른 활동임을 되새기게

73

하는 문구였습니다.

적정 수면이 중요한 이유

수면은 낮 동안에 소모한 신체적, 정신적 기능을 회복하고, 휴식을 통해 우리 몸의 항상성을 유지하며, 에너지를 보존하고 우리의 건강과 삶의 질에 큰 영향을 미치는 활동임이 틀림없습니다. 그러나 청소년들은 이른 아침 시간의 등교, 과중한 학업, 과제 등의 학교 활동과 휴대전화, 게임, SNS와 같은 문화적 활동 요인으로 학년이 올라갈수록 수면 시간이 짧아지는 경향이 나타납니다.

수면은 건강과 직결되므로 아이 어른 할 것 없이 누구나 충분히 시간을 갖는 것이 좋습니다. 적정 수면 시간을 지키면, 피곤하지 않게 하루를 보낼 수 있는 것은 당연한 사실입니다. 수면 적정시간은 7~8시간으로 알려져 있습니다. 연구 결과에 의하면 청소년은 하루 평균 9시간 15분은 자야 정상적인 뇌 활동이 가능하다고 합니다. 영유아기 때 잠이 많이 필요했던 것처럼 사춘기에도 아동이나 성인보다 적정 수면이 필요합니다. 건강한 수면 시간을 지켜서 활력 있는 일상생활을 영유해야 할 이유이죠.

적정 수면 시간이 중요한 이유는 잠자는 동안 뇌는 낮 동안에 입력한 정보들을 정리해서, 지워버릴 정보와 오랫동안 보관할 것을 분류하고 그것을 장기기억 폴더에 집어넣는 일을 합니다. 그리고 최대한 주로 내장 기관을 무의식적으로 제어하는 역할을 맡고 있는 신경계인 자율신경계의 부교감 신경계, 즉 위장관의 분비와 연동운동을 촉진함으로써 소화와 흡수를 촉진하는 것과 같이 에너지를  절약하고 저장하는 작용을 활성화해 심장 박동을 늦추고 근육을 이완하며 호흡수를 줄여서 최대한 잘 쉴 수 있도록 합니다. 조금 어려운 설명이지만, 쉽게 말하면 뇌는 다음날 효율적으로 활동할 수 있게 정보를 정리하고, 몸에 에너지 충전을 위해 휴식을 취하는 것을 잠자는 동안 이루어지게 합니다. 그러므로 잠은 꼭 필요한 재충전과 정리의 시간이라고 생각할 수 있습니다.

이처럼 우리가 매일 사용하는 뇌는 하루도 빼놓지 않고 사용하는 화장실과도 같습니다. 집 화장실이든 공중화장실이든 매일 깨끗하게 청소하지 않으면 그 화장실 사용이 편리할 수 있을까요? 간혹 고속도로를 이용해 다른 도시로 여행할 때, 종종 고속도로 휴게소 화장실을 들를 때가 있습니다. 우리나라 고속도로 휴게소 화장실만큼 청결한 화장실이 있을까요? 거기에는 이용하는 사람이 많은 만큼 매시간 정성을 다해 청소해 주시는 분들의 분주한 노고가 있기 때문입니다.

수면은 이처럼 분주한 사람들의 일상을 쾌적하게 도와주는 분들의 노고처럼 청소년기를 떠나 모든 사람에게 재충전과 정리의 시간을 제공하는 소중한 시간입니다.

잠이 부족한 청소년과 적정 수면 시간

「2020년 청소년건강행태조사」 결과를 보면 청소년의 주중 평균 수면시간은 6.2시간으로 전년과 유사하였고, 남학생(6.5시간)이 여학생(5.9시간)보다 다소 길었습니다. OECD 평균보다 약 2시간 정도가 적은 것으로 나타났습니다. 또한 청소년의 절반 이상이 수면 부족에 시달리는 것으로 나타났는데요. 초등학생의 경우 수면시간이 8시간 41분 정도 되며, 중학생은 7시간 21분, 고등학생이 되면 6시간 3분 정도를 수면하는 것으로 나타났습니다. 청소년기는 한참 성장기이기 때문에 올바른 수면시간을 지키는 것이 중요하다는 것은 누구나 알 수 있을 것입니다.

청소년기 적정 수면시간은 연령대별로 권장 수면시간이 모두 다르지만, 성인들은 6~7시간 정도 잠을 자는 것이 적당합니다. 그러나 유아기의 아이들은 11~14시간, 6~12세의 아이들은 9~12시간, 13~18세의 청소년들은 8~10시간 정도 잠을 자는 것이 좋다고 말합니다. 특히 10대 청소년들은 성장기에 속하기 때문에 신체의 발달을 위해 6~7시간보다 많은 시간을 자는 것이 중요하며, 개인마다 시간의 차이가 있을 수는 있습니다.

연령	수면 시간
4~12개월	12~16시간
1~2세	11~14시간
3~5세	10~13시간
6~12세	9~12시간
13~18세	8~10시간

미국 수면의학회에서 권고한 연령에 따른 하루 적정 수면 시간

수면 부족의 위험성

청소년기에 적당한 수면을 유지해야 할 이유는 무엇보다 청소년들이 학원 및 과외, 숙제 등의 활동 때문에 충분한 자지 못하는데요. 충분한 수면은 인지능력과 학업능력, 면역 체계를 향상시키는 데 매우 중요한 역할을 합니다. 그렇다면 충분한 자지 못했을 때 나타나는 위험성에는 어떤 것들이 있을까요.

수면 부족의 위험성1- 학습 능력 저하

앞서 언급했지만 잠자는 동안 뇌의 측두엽 안쪽에 위치한 해마(뇌에서 기억의 저장과 상기에 중요한 역할을 하는 기관, 뇌의 변연계 안에 있다)에서는 낮에 경험한 일이나 학습한 사실 가운데 남길 만한 것은 남기고 버릴 건 버림으로써 단기 기억을 장기 기억으로 전환하는 역할을 합니다. 그렇기 때문에 시험 전날 당일치기로 밤을

지새워 공부한다고 해서 그 내용이 오래 기억되지 못하고 금세 잊어버릴 때가 많은 이유입니다.

또한 우리의 뇌는 스트레스를 느끼면 당질 코르티코이드(glucocorticoid)라는 호르몬을 분비하여 기억력을 떨어뜨립니다. 멜라토닌(melatonin)이 충분히 분비된 상태라면 스트레

《출처》 2020 한국청소년연구원, 연합뉴스

스에 대한 저항력을 높일 수 있게 되는데, 멜라토닌은 일반적으로 밤 9시부터 11시 사이에 분비되기 시작하여 새벽 2시 정도에 최고조에 이른답니다. 그렇기 때문에 정말 늦어도 새벽 2시 전에는 꼭 잠을 자두어야 합니다.

수면 부족의 위험성2 - 비만 외

수면 부족은 비만으로도 이어질 가능성이 높습니다. 비만은 일반적으로 에너지 섭취가 에너지 소비에 비해 많아질 때 나타납니다. 수면 부족이 비만과 관련 있다는 것은 무슨 이유일까요? 일단, 수면 시간이 줄어들면 생리적으로 포만감을 느끼는 호르몬(렙틴 leptin)의 농도가 낮아지고 배고픔을 느끼는 호르몬(그렐린 ghrelin)

농도가 높아질 수 있습니다. 그 결과 음식 혹은 간식 섭취량에 영향을 미치게 됩니다. 그리고 수면 시간이 부족하면 식사량이 늘지 않더라도 렙틴이 줄어들고 그만큼 대사율이 떨어져 살이 찌게 됩니다.

또한 잠을 자면서도 많은 에너지를 소비하기 때문에 수면이 중요합니다. 불면증이 있거나 평소 잠을 깊이 못 자는 사람들은 항상 피곤함에 시달리거나 충동적인 판단으로 충분한 수면이나 휴식을 취한 사람에 비해 부정적인 결과를 가져오기가 쉽습니다. 기억이 깜빡깜빡하는 일들, 우울감, 특별한 질환이 없음에도 온몸이 아픈 느낌, 그리고 피곤함에 따른 짜증 유발도 수면 부족에서 오는 현상입니다. 그렇다면 수면의 질을 효과적으로 높이려면 어떻게 해야 할까요.

숙면을 취하는 효과적인 방법

잠들기 전 스마트폰 사용 줄이기

요즘 많은 성인과 청소년들이 밤늦게까지 스마트폰을 손에 쥐고 동영상을 보거나 SNS 활동을 합니다. 적어도 자기 전 2~3시간 전에는 최대한 스마트폰이나 태블릿 사용을 멀리해야 합니다. 자기 전에 이런 기기를 사용하면 그 잔상으로 인해 숙면을 방해할 뿐만 아니라 전자기기 사용으로 인해 뇌가 계속 각성하여 바로 숙면에 들어가기가 어렵습니다.

내 몸의 생체리듬을 찾기

사람들은 일상에서 수면이나 잠자리, 식사, 배변 활동 등에 고유의 생체리듬을 갖고 있습니다. 이 생체리듬을 깨고 다른 시간대에 잠을 자거나 잠자리 및 수면 시간이 달라지면 컨디션 저하, 수면 부족, 불면증 증상이 쉽게 나타납니다. 최대한 같은 곳에서 일정한 시간에 자고 일어나는 습관을 통해 몸의 생체리듬을 유지하는 것이 수면의 질적 향상에 도움 됩니다.

카페인 음료 줄이기

요즘 커피뿐만 아니라 몸의 각성을 돕는 다양한 카페인 음료가 시중에 유통됩니다. 특히 시험 철이 되면 밤늦게까지 공부하기 위해 카페인이 많이 든 음료를 마시는 학생들이 늘고 있습니다. 하지만 이 카페인 성분은 몸의 교감신경을 자극하여 긴장, 흥분, 두근거림, 불면증 등을 유발할 수 있고, 수면을 방해할 수 있으므로 절대량을 줄이거나 가급적 섭취하지 않아야 합니다.

몸에 좋은 음식 먹기

전지혜 참조은병원 건강증진센터장(가정의학과 전문의)은 청소년들의 주요 관심사인 공부에 좀 더 집중력을 기르려면 규칙적으로 식사를 하면서 과식은 피하고 콩, 두부, 달걀 등 기억력을 향상시키는 음식을 섭취하며 우유, 생선, 수육 등 두뇌 활동을 도와주는 음식과 눈의 피로를 덜어주는 블루베리, 딸기, 당근, 시금치 등의 섭취를 권장합니다. 또한 "공부 시간을 늘리는 것보다는 충분한 숙면을 통해 집중력을 높이고 기억력을 향상시키는 것이 무엇보다 중요하며, 적정 수면 시간 유지를 위해 스마트폰 사용도 줄여야 한다."고 조언합니다.

「2020년 청소년건강행태조사」에 따르면, 최근 7일 동안 아침식사를 5일 이상 먹지 않은 학생은 37.3%(남 35.5%, 여 39.2%)로 여학생이 남학생에 비해 높았습니다. 고등학생(남 37.4%, 여 40.7%)은 중학생(남 33.4%, 여 37.7%)에 비해 높았습니다.

청소년기에 정신과 육체가 균형 있게 성장하려면 영양이 골고루 들어있고 균형 잡힌 음식 섭취와 올바른 수면과 충분한 숙면을 취하는 것이 좋은데, 이는 청소년기가 평생 건강한 삶을 누릴 수 있는 토대가 되는 시기이기 때문입니다.

특히 아침 식사는 건강한 하루를 시작할 수 있는 우리 몸의 영양공급원이자 비만도 예방할 수 있고, 특히 청소년기에는 뇌에 에너지를 공급하여 학습 능률을 향상시킬 수 있으므로 중요합니다. 아침 결식이 지속될 경우 영양 불균형 상태가 되어 건강 장애를 일으킬 우려가 있을 뿐만 아니라 혈당이 낮아져 기운이 없고 집중력이 감소합니다. 또한, 점심과 저녁을 과식하게 되거나 간식을 더 자주 먹게 되므로 불규칙한 식사로 인해 체중이 증가하고, 소화불량이나 위염 등 위장 질환이 발생할 수 있습니다.

우리 몸은 잠잘 때 스스로 수리하고 재생하며, 뇌는 정보와 감정을 정리합니다. 이러한 준비를 위해 정기적으로 운동하는 것, 그리고 따뜻한 물로 샤워하거나 독서, 명상, 침실의 조명 등을 통해 숙면 분위기를 만들어 주는 것도 좋은 방법입니다.

청소년들의 평균 수면시간과, 권장 수면시간, 수면의 중요성, 깊게 숙면을 취하는 방법, 카페인 줄이기, 몸에 좋은 음식 등을 함께 알아보았는데요. 아이들이 성장하는 성장기에는 무엇보다도 숙면이 중요성을 강조하지 않을 수 없습니다.

청소년의 뇌와 신체 활동

청소년기 뇌 상태와 변화

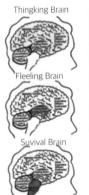

Thingking Brain

사고의 뇌
· 뇌 안의 CEO(집행기능) 전전두엽이 덜 성숙함
· 미리 계획을 세우고 결과를 예측하는 기능이 완전치 않음

Fleeling Brain

감정의 뇌
· 변연계의 발달은 최고조
· 감정에 따라 행동, 충동조절에 어려움을 겪을 수 있음

Suvival Brain

생존의 뇌
· 스트레스를 받으면 재빨리 생존 모드로 돌입
· 인지적으로 사고하는 능력을 방해, 살기 위해 방어적으로
  반응하는 뇌간 활성

청소년의 뇌 이해

청소년기의 뇌 상태는 어떨까요? 사춘기는 신체에 급격한 변화

2장 · 마음 건강을 위해 필요한 것

가 나타납니다. 사춘기에 이르면 어린 시절 경험과 학습을 통해 형성된 신경세포들이 어느 정도 정리되기 시작합니다. 이 시기에 뇌에서 새롭게 돋아나는 가지들은 가지치기(Pruning)하는 과정과 신경세포의 축삭돌기를 지방 덩어리가 에워싸는 수초화(Myelination) 과정이 동시에 일어나는데, 이 과정 중에 신경의 신호 전달 속도가 100배가량 빨라지는 등 대뇌의 급격한 변화가 일어납니다.

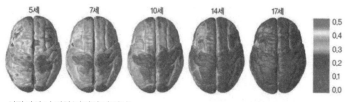

성장기의 뇌 변화(나이별 뇌 영상)
사람의 뇌는 청소년기에도 완전히 발달하지 않는다. 색이 진할수록 발달됐다는 뜻이다.

한편, 기억과 사고, 판단을 담당하는 전두엽은 새롭게 재구축되기 시작합니다. 이는 건물의 리모델링에 비유할 수 있는데, 이때는 시냅스(synapes, 신경흥분이 전달되는 자리의 두 개의 신경

청소년의 뇌는 공사중

세포의 접합 부분)들이 제대로 연결이 되지 않은 채로 새로이 적응해 나가는 단계로 다면적인 사고가 힘들고, 미리 계획을 세우는 것도

어려워지는 시기입니다.

청소년기 뇌 건강을 지키려면

신체적 전환기인 십대는 성장 속도가 빠르고 활동이 왕성해져 각종 영양소의 요구량이 급증합니다. 또한 무엇을, 언제, 어떻게 먹는지는 신체의 항상성과 면역력을 높이고 건강을 유지 증진하는 데 큰 영향을 미칩니다.

최근 식생활 수준의 향상으로 청소년들의 체격은 크게 성장하였으나 탄수화물, 지방을 과잉 섭취하는 바람직하지 못한 식습관이 건강의 문제점으로 나타납니다. 가공식품과 즉석식품의 과도한 섭취, 불규칙한 식사 시간, 필수 영양소는 부족하고 열량만 높은 간식 섭취 등의 식습관은 영향 불균형을 초래할 수 있습니다. 굳어진 식습관은 성인기가 되어도 바꾸기가 매우 어렵기 때문에, 청소년기에 자신의 식습관을 파악하여 건강한 식습관을 형성하는 것이 바람직합니다.

요즘 학교에 아침밥을 거르고 오는 학생이 꽤 많습니다. 그들은 자주 보건실로 찾아와 위통, 두통, 피로감 등을 호소하곤 합니다. 사실, 뇌는 포도당과 산소를 영양분으로 공급하기 때문에 아침밥을 거르면 뇌에 영양분이 공급되지 않습니다. 그러면 뇌의 기능이 떨어져 집중력과 인지능력이 저하되면서 원만한 학교생활과 일상 활동을 위축시키는 상황이 반복되겠지요. 이는 일종의 악순환인데 공복시간이 길어져 위나 장의 흡수율이 높아지게 되므로 지방 축적이 더 많아지고, 다음 끼니를 과식하게 만들어 비만의 위험성을 높입니다.

청소년기에 뇌 건강을 위해서 어떤 노력을 해야 할까요? 다음은 신체 활동에 대해 알아보겠습니다.

최근 청소년의 신체 활동 변화

「청소년건강행태조사(2022, 온라인)」에 의하면, 신체 활동은 코로나19 유행 첫해인 2020년 감소 이후 지속 증가하여, 2022년에는 유행 이전보다 더 높은 실천율을 보였습니다. 하루 60분 주 5일 이상 신체 활동 실천율*은 2022년 남학생 23.4%, 여학생 8.8%로 2021년 대비 남녀학생 모두 증가(남 2.7%p↑, 여 0.7%p↑)하였습니다.

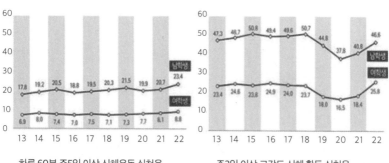

하루 60분 주5일 이상 신체운동 실천율   주3일 이상 고강도 신체 활동 실천율

* 주 3일 이상 고강도 신체 활동 실천율도 2022년 결과 남녀 학생 모두 증가(남 40.8 → 46.6%, 여 18.4 → 25.8%)하였고, 특히 중학생에서 증가 폭(중 35.1 → 45.5%, 고 24.6 → 26.9%)이 컸다.

운동이나 신체 활동을 하는 이유는 '재미있어서(33.3%)'가 가장 많았고, '건강을 위해(20.6%)', '체중감량(16.4%)' 순으로 나타났습니다. 주중 학습 목적으로 앉아서 보낸 시간은 2021년과 유사(459분 → 457분)하나, 학습 목적 이외 앉아서 보낸 시간은 코로나19 유행 이후 증가한 이래 지속 감소(주중 210분 → 186분, 주말 316분 → 293분)하였습니다. 학교에서 규칙적 스포츠 활동팀 참여율(1개 팀 이상)은 2022년 49.4%, 학교 체육수업 시간 직접 운동 실천율(주 2회 이상)은 64.0%였고, 3년 주기 순환조사로 2019년 결과(50.2%, 64.6%)와 비교 시 유사하였습니다.

운동하면 행복해진다

위의 조사 자료에 비추어 우리가 눈여겨봐야 할 내용이 있습니다. 미국의 존 레이티, 에릭 헤이거먼이 쓴 뇌를 젊어지게 하는 놀라운 운동의 비밀! 『운동화 신은 뇌』(북섬, 2009)라는 책인데, 운동이 뇌에 미치는 특별한 영향에 대해서 소개하였습니다. 저자는 하버드 의대 임상정신과 교수 존 레이티와 과학 잡지 편집위원으로 활동했던 에릭 헤이거먼으로 의학적 자료를 바탕으로 쓴 책이어서 각종 의학용어와 놀라운 실험 사례 예시가 있는데, 그중 하나를 인용해 봅니다.

누구나 운동을 하면 기분이 좋아진다는 사실은 알지만 도대체 왜 그런지를 아는 사람은 별로 없다. 그저 스트레스가 사라져서, 혹은 뭉친 근육이 풀어지거나 엔도르핀 수치가 높아져서 그럴 것이라고 짐작할 뿐이다. 하지만 유쾌한 기분이 드는 진정한 이유는 운동을 해서 혈액을 뇌에 공급해주면 뇌가 최적의 상태가 되기 때문이다.

이러한 점은 운동이 단순히 신체에 이롭다는 사실보다 훨씬 중요하고 흥미진진하다. 심장과 폐의 기능이 개선되는 것은 부산물에 불과하다. 그래서 나는 종종 환자들에게 말하곤 한다. 운동을 하는 진정한 목적은 뇌의 구조를 개선하는 것이라고. (p12)

뇌의 가소성이라는 말이 있습니다. 운동을 통해 근육이 생기는 거처럼 뇌도 변할 수 있다는 말이죠. 신체는 나이가 들수록 퇴화될지 몰라도 뇌는 고정된 것이 아니라 성장할 수 있다는 것입니다. 운동이 뇌를 변화시키는 아주 중요한 요소라는 것을 설명하는데, 저자는 여러 가지 의학적 실험을 통해서 운동이 뇌에 미치는 영향에 대해 설명합니다. 또한 우울증, 파킨슨병, 알츠하이머, 중독에서 벗어나기, 학습 능력 향상 등에도 영향을 미칩니다. 운동의 효과에 대해 조금 더 알아보겠습니다.

운동은 심장 혈관계를 튼튼하게 합니다

운동 중에 수축하는 근육은 혈관 내피세포 성장인자 등을 분비하여 새로운 혈관이 만들어지는 데 공헌하여 피가 순환하는 길이 풍부하게 되어 혈관이 막히는 것을 예방합니다. 또한 운동하면 혈관의 통로를 넓혀주는 일산화질소가 많이 생겨서 혈류량이 증가합니다. 혈액의 흐름이 늘어나면 동맥경화를 예방하는 효과를 가져옵니다. 그뿐 아니라 운동은 손상된 혈관을 어느 정도 복구합니다. 혈당 수치가 높은 사람은 알츠하이머병에 걸릴 확률이 높다는 연구 결과가 있습니다. 운동은 인슐린의 수치를 조절하는 인슐린 유사 성장인자의 수치가 높아져서 과잉 포도당의 수치를 낮춥니다.

운동은 비만을 줄일 수 있습니다

신체에 축적된 지방은 심장 혈관계와 대사 체계를 망칠 뿐만 아니라 뇌에도 치명적인 영향을 줘서 단순히 과체중이라는 사실만으로도 치매에 걸릴 가능성이 두 배나 늘어납니다. 운동은 열량을 소모하고 식탐을 줄여줌으로써 비만을 막아주는 역할을 하는 것이지요. 또한 운동은 만성 스트레스로 생기는 과잉 코르티솔의 부식 효과를 억제하여 우울증과 치매를 예방합니다. 또한 운동하면 노화의 과정이 늦춰지고 손상된 부위를 복구하는 단백질이 생성됩니다.

운동 하면 기분이 좋아집니다

운동을 하면 우울증이나 불안증으로 오그라든 해마의 상태가 좋아져서 즐거운 기분을 유지하는 데 도움이 되기 때문입니다. 즐거운 기분을 유지하는 것은 사람들과 사회적인 관계를 유지하는 데 중요한 요소입니다. 운동은 또 면역 체계가 강화되게 합니다.

스트레스와 노화는 면역 체계를 약하게 합니다. 보통 강도의 운동만 해도 면역 체계의 항체와 림프구의 기능이 회복됩니다. 면역 체계는 손상된 조직을 복구하는 세포를 활성화합니다. 개인적으로 코로나19와 함께한 3년여 시간 중에 스트레스를 이겨내고 견디게 한 것은 걷기 운동에서 느낀 자연이 주는 마음의 평안함이 아니었나 생각해 봅니다.

운동 하면 뼈가 튼튼해집니다

운동을 하면 뼈의 손실을 상당히 줄일 수 있습니다. 한 연구에 따르면 근력운동을 몇 개월 동안만 해도 여성의 다리 근력이 무려 두 배로 늘어난다는 연구 보고가 있습니다.

운동 하면 신경 가소성이 촉진됩니다

유산소 운동은 뇌세포 간의 연결을 강화하고, 시냅스를 더 많이 생성해서 연결망을 확장해 주며, 해마에도 좋은 영향을 줍니다. 이런 뇌의 구조적인 변화가 학습 능력을 높이며, 기억력, 인지 기능, 감정 조절 능력을 개선합니다.

신체 활동에 따른 건강의 유익

유럽의 포르투갈 청소년 4,462명을 대상으로 건강 행위에 대한 연구 결과가 있습니다. 즉, TV 시청, 비디오게임, 컴퓨터 사용과 같이 주로 스크린에 노출된 생활 습관과 함께 신체 활동의 정도를 비교하여 분석했는데, 이 연구를 통해 스크린 망에 많이 노출된 생활 습관을 지니고 있을수록 신체 활동량이 어떻게 나타나는지를 비교하고, 나아가 청소년의 건강에 어떤 영향을 알고자 하였습니다.

연구 결과 스크린에 노출된 생활 습관을 더 많이 가지고 있는 청소년일수록 하루 중 가만히 앉아 있는 시간이 더 길었으며, 신체 활동량이 적은 것으로 나타났습니다. 스크린 노출 시간이 많고, 신체 활동량이 적은 청소년일수록 건강 문제를 더 많이 호소하였습니다. 보고된 건강 문제에는 두통, 우울감, 충동감, 불안감 등이 있었습니다. 이를 통해 신체 활동량이 적은 경우 전신 건강에 영향을 미치는 것을 알 수 있습니다.

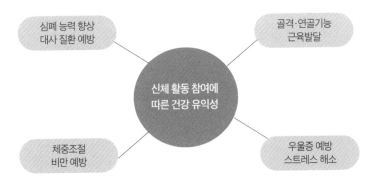

미국 펜실베니아주의 건강증진 관련 부서에서는 중학생의 비만을 감소시키기 위해 학교에서 1년 동안 매일 30분씩 체육교육을 실시하여, 신체 활동이 중학생들의 신체 건강과 체중에 미치는 영향을 평가하였습니다. 매일 30분씩 규칙적인 체육 활동을 한 결

과, 건강 고위험군 중학생들, 특히 여학생의 건강 상태가 향상되었습니다. 그리고 학생들의 체질량 지수(BMI)가 낮아졌습니다. 이는 널리 알려진 것처럼 신체 활동은 체질량지수와 건강 상태에 영향을 미칠 수 있다는 것을 밝혀낸 것입니다.

신체 활동이란 골격근을 수축시켜, 휴식을 취할 때보다 더 많은 에너지를 소비하게 하는 움직임을 말합니다. 신체 활동은 생활 습관병을 예방 및 치료를 돕고 우울·불안감을 감소시키는 것뿐만 아니라 정신적·사회적 건강을 증진합니다. 신체 활동은 생활방식에 따라 고강도 신체 활동과 중강도 신체 활동으로

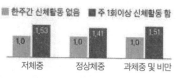

	전반적 신체 활동	정부정책
대한민국	D-	A
중국	C	D
일본	B-	B
대만	F	B+
홍콩	D-	B+
미국	B-	INC
캐나다	D	B-
잉글랜드	C-	INC
핀란드	A-	A-
57개국 평균	D	C

▲ 청소년 신체 활동·정부정책 점수
▼ 운동하지 않는 그룹 대비 행복감 지수

■ 한주간 신체활동 없음 ■ 주 1회이상 신체활동 함

저체중	정상체중	과체중 및 비만
1.0 / 1.53	1.0 / 1.41	1.0 / 1.51

분류할 수 있습니다. 중강도 신체 활동이란 운동하면서 대화가 가능한 수준의 활동적인 강도로 심장 박동이 조금 빨라지거나, 호흡이 약간 가쁜 정도의 신체 활동입니다. 개인의 능력 범위 내에서 잘 유지 될 수 있는 운동 강도로, 비경쟁적으로 약 45분간 편안하게 유지될 수 있는 운동 강도입니다.

어떤 운동을 어떻게 효율적으로 할까

앞서 살펴본 바와 같이 유용성을 가지고 있는 운동을 하기 위해서는 어떤 방법으로 해야 최고의 효율을 낼 수 있을까요?

신체가 건강해지도록 노력하고 끊임없이 자신의 한계에 도전하는 것이 최선입니다. 운동 습관을 들이는 가장 좋은 방법은 다른 사람들과 함께 운동하는 것입니다. 친구와 달리기하거나, 여럿이서 함께 자전거를 타게 되면 혼자 할 때 보다 효과적입니다.

누군가와 운동을 함께하는 것은 운동을 지속해서 할 수 있도록 도와줄 뿐만 아니라 사람들과의 사회적 교류를 통해 얻는 자극은 뇌에 영향을 주어 스트레스의 부정적인 효과를 상쇄시켜 줄 수 있습니다. 결국, 운동을 통해 신체와 뇌만 바뀌는 것이 아니라 우리의 마음도 바꿀 수 있습니다. 활력과 에너지가 생겨서 삶을 대하는 태도 역시 긍정적으로 만드는 것입니다.

어떤 운동을 할 수 있을까요? 예를 들어 빠르게 걷기, 자전거 타기, 배드민턴 연습, 축구 연습, 농구 연습, 활동적인 놀이 등이 있습니다. 청소년은 이 운동을 매일 1시간 이상 하는 것이 좋습니다. 고강도 신체 활동이란 체력 수준에 따라 다르나, 높은 강도의 활동으로 땀과 숨을 헐떡거리거나 헉헉거리게 하는 신체 활동입니다. 달리기, 줄넘기, 배드민턴 시합, 축구 시합, 농구 시합 등으로 청소년들은 주 3일 이상 하는 것이 좋습니다.

성장하는 뇌를 만들 수 있다는 것과 유산소 운동이 주는 천연

산화 방지제 효과입니다. 일상에서의 천천히 달리기 같은 중간 강도의 운동을 할 때 생성되는 물질이 몸속에 있는 폐기물을 제거하여 노화를 막는다는 것입니다. 즉, 유산소 운동을 하면 세포 내부에서 천연 산화 방지제가 생성되는 것입니다. 달리기만으로도 노화가 방지되고 뇌를 건강하게 할 수 있습니다. 누구든 할 수 있는 최고의 처방입니다.

운동이 뇌에 미치는 영향

『운동화 신은 뇌』의 저자 존 레이티, 에릭 헤이거먼의 말처럼 우리는 운동화 끈을 묶기만 하면 됩니다. 이 책은 운동이 신체뿐만 아니라 우리 신체의 핵심 부위인 뇌에 미치는 영향을 강조합니다. 자리에서 일어나 움직여 보세요. 달리기가 어렵다면 걷기, 줄넘기라도 시작하자. 늦은 시작은 없습니다. 지금 이후의 우리 뇌는 자신의 의지에 달렸습니다.

【피그말리온(Pygmalion effect) 효과에서 얻는 교훈】

피그말리온은 그리스 신화에 나오는 조각가로, 그는 아름다운 여인상을 조각하고 그 여인상을 갈라테이아(Galatea)라 이름 지었습니다. 그리고 그 조각상과 사랑에 빠지고 말았습니다. 얼마나 사랑이 깊었던지 피그말리온은 조각상을 진짜 살아있는 여인처럼 대하였지요. 이를 지켜보던 여신 아프로디테는 피그말리온의 사랑에 감동하여 여인상에 생명을 불어넣었답니다. 그의 간절한 소망이 이루어진 것이지요.

이처럼 '피그말리온 효과'는 타인의 기대나 관심으로 인해 능률이 오르거나 결과가 좋아지는 현상을 말합니다.

1968년, 로버트 로젠탈과 레노어 제이콥슨은 미국 샌프란시스코의 한 초등학교 학생들을 대상으로 한 실험에서 이를 증명하였습니다. 전교생에게 지능검사를 한 후 무작위로 20퍼센트의 학생을 뽑아 교사들에게 지능검사를 실시한 후 무작위로 지능지수가 높다고 믿게 만들었습니다. 그리고 8개월 후 이전과 똑같은 검사를 실시하였습니다.

그 결과 20퍼센트에 포함됐던 학생들은 다른 학생들보다 지능지수가 높게 나왔고, 동시에 학업 성적도 크게 향상되었습니다. 무슨 이유일까요. 이유는 간단합니다. 교사가 학생의 가능성을 믿어주었기 때문이지요. 교사의 격려와 기대를 받은 학생은 더욱 열심히 공부하여 성적이 크게 향상된 것입니다. 부모 또한 이 실험처럼 자녀를 믿어주고 격려해 주는 것이 자녀를 발전시키는 길이 아닐까 생각합니다.

(1) 우리 아이 수면 양상 점검하기

• 최근 1주일간 자녀의 수면 시간은 피로회복에 충분하다고 생각합니까?

　　① 매우 충분하다 ② 충분하다 ③ 그저 그렇다 ④ 충분하지 않다

　　⑤ 전혀 충분하지 않다

• 최근 1주일, 잠자리에 든 시각과 일어난 시각은 평균 몇 시, 몇 분인가?

잠자리에 든 시각	일어난 시각
(주중) _ 시_ 분 (주말) _ 시 _ 분	(주중) _ 시_ 분 (주말) _ 시 _ 분

• 자녀의 수면 시간을 방해하는 요인이 무엇인지 대화를 나누어 봅시다.

　　① 숙제, 공부(학원, 과외) ② 컴퓨터, 휴대전화 사용, 텔레비전 시청

　　③ 스트레스 ④ 이른 등교 시간 ⑤ 건강문제 (예: 비염, 감기, 불면증 등)

　　⑥ 기타 (　　　　　　)

(2) 우리 아이 식습관 점검하기

• 최근 1주일간 아침 식사(우유나 주스만 먹은 것은 제외)한 날은 며칠인가? 빵,
선식, 미숫가루, 죽, 시리얼 등으로 식사를 한 경우 식사에 포함한다.

　　(　　　　　　)일

• 자녀의 식습관 점검

잘된 점	
개선할 점	

• 앞으로 자녀의 식생활을 (   ) 할 것이다.

(3) 우리 아이 신체 활동 점검하기

• 최근 1주일간 자녀의 최근 7일 동안, 심장 박동이 평상시보다 증가하거나, 숨이 찰 정도의 신체 활동(종류에 상관없이)을 하루에 60분 이상 한날은 며칠인가요?

　　① 최근에 안 했다 ② 주 1일 ③ 주 2일 ④ 주 3일 ⑤ 주 4일
　　⑥ 주 5일 이상

• 최근 1주일 동안 하루 평균 앉아서 보낸 시간이 몇 시간 정도입니까?

구분	최근 7일동안 하루 평균 앉아서 보낸 시간			
	학습 목적		학습 목적 외	
주중(월~금)	( ) 시간 (	)분	( ) 시간 (	)분
주말(토~일)	( ) 시간 (	)분	( ) 시간 (	)분

(4) 자녀의 신체 활동 시간을 점검해 보고 신체 활동을 돕기 위한 방법을 적어봅시다.

청소년 마음 건강 상태의 현황

✦

스트레스 인지율

「2020년 청소년건강행태온라인조사」결과, 스트레스를 '대단히 많이' 또는 '많이' 느끼는 학생은 34.2%로 2019년 39.9%에 비해 5.7%p 감소한 것으로 나타났습니다. 여학생(40.7%)이 남학생(28.1%)보다 높았으며, 전년 대비 감소 폭도 여학생이 남학생보다 더 컸습니다(남 3.6%p 여 8.1%p). 고등학생(남 31.1%, 여 45.2%)이 중학생(남 24.9%, 여 36.2%)에 비해 높은 것으로 나타났습니다.

우울감 경험률과 자살 생각률

우울감 경험률은 최근 12개월 동안 2주 내내 일상생활을 중단할 정도로 슬프거나 절망감을 느낀 적이 있는 학생은 25.2%로 2019년에 비해 3.0%p 감소하였습니다. 여학생(30.7%)이 남학생

(20.1%)에 비해 높았고, 전년 대비 감소 폭도 여학생이 남학생보다 더 컸습니다. (남 2.1%p, 여 3.9%p), 고등학생(남 22.2%, 여 33.0%)이 중학생(남 17.8%, 여 28.4%)에 비해 높았습니다.

자살 생각률 및 자살 시도는 최근 12개월 동안 심각하게 자살을 생각한 적이 있는 학생은 10.9%로 여학생(13.9%)이 남학생(8.1%)보다 높았습니다. 2019년 13.1%에 비해 2.2%P 감소하였고, 여학생의 감소 폭(3.2%p)이 남학생(1.3%p)보다 컸습니다. 최근 12개월 동안 자살을 시도한 학생은 2.0%로 여학생(2.7%)이 남학생(1.4%)에 비해 높은 것으로 나타났습니다.

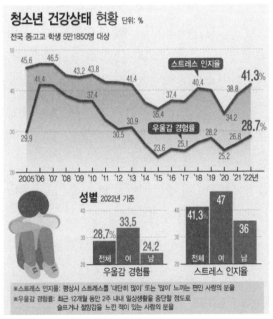

《출처》교육부, 질병관리청, 뉴시스(2023)

이렇듯 우울감 경험률[**]등 청소년의 정신건강 지표는 2020년에 감소하였다가 2021년 이후로 다시 증가 경향을 보였습니다.

위의 통계자료와 같이 이 시대 무엇이 우리 청소년의 자살과 자살 생각을 유발하는 것일까요? 자살을 유발하는 개인적 요인으로 자존감을 갉아먹는 학업 스트레스가 가장 심각했으며, 그에 따른 우울, 부모님과의 갈등, 대인관계에서 비롯된 좌절, 성적이나 진로 문제, 경제적 어려움 등을 꼽습니다. 또한 사회적 요인으로는 가족의 해체, 높은 교육열과 경쟁적인 입시 문화, 유명인들의 자살 영향, 대중매체의 자세한 자살 보도, 사회구조적인 문제 등으로 나타나고 있습니다. 이를 예방하기 위해서는 무엇보다 자살 위험이 있는 사람에게는 주변 사람들의 관심과 도움이 적극 필요합니다. 먼저 개인적으로 도울 방법은 무엇이 있을까요?

먼저, 가족, 친구 등 믿을 수 있는 사람이나 전문가의 도움이 필요합니다. 현재 상황과 문제에 초점을 맞추고 자살 외에 다른 대안을 생각하도록 도와야 합니다.

정서적 고민이 있는 사람의 말을 경청하고 혹여나 자살 계획을 들으면 비밀로 하지 않고 도와 줄 사람에게 알려야 합니다. 자살 위험이 있는 사람은 절대 혼자 두지 말아야 합니다.

[**] 우울감 경험률은 2022년 남학생 24.2%, 여학생 33.5%로 2021년에 비해 증가(남 1.8%p↑, 여 2.1%p↑)하였고, 스트레스 인지율도 증가(남 32.3 → 36.0%, 여 45.6% → 47.0%)하였습니다.

자살예방을 위한 실천 활동

정부 기관인 보건복지부에서도 자살 예방을 위한 실천적 지침을 내놓고 적극적으로 홍보하고 있습니다. 다음의 자살징후의 항목들을 체크하여 누구든 유사 상황에 대비하는 것이 필요하기에 소개합니다.

· 농담으로라도 자살이나 죽음에 대해 자주 언급할 때
· 대인관계를 기피하고 대외적 활동이 줄거나 반대로 평소에
  자주 안 만나던 사람들을 일부러 챙겨서 만나러 다닐 때
· 술을 평소보다 자주 마실 때
· 소중하게 간직한 물건들을 다른 사람에게 나눠줄 때
· 죽음에 관한 시를 쓰거나 낙서할 때
· 사후세계에 관심을 보일 때
· 평상시와 다르게 주변을 정리 정돈할 때
· 평상시보다 더 밝고 평온해 보이지만 주변 상황에 초연할 때
· 식사량과 수면량이 평상시에 비해 지나치게 줄거나 늘어날 때

위처럼 평소에 하지 않던 행동을 두세 개 이상을 한다면 자살을 의심해 보기를 권합니다. 아울러 가까운 사람에게서 자살징후를 발견하면 '질문'할 것을 요구합니다. 상대방이 절대 먼저 말할 리는 없으므로 "요즘 괜찮니? 네 행동이 걱정돼서 그러는데 혹시 나쁜 생각을 하는 건 아닌지?" 하고 구체적으로 물어봅니다. 이 질문

이 오히려 자살을 유도하지 않을까 하는 걱정은 안 해도 됩니다. 전문가들에 의하면 상대방은 이렇게 관심을 가지고 물어봐 준 것에 대해 고마움을 느끼는 경우가 많다고 합니다.

자살징후를 보이는 사람에게 도움을 줄 때 해야 할 것은 집중해서 차분히 들으며 상대방의 감정을 이해하고 공감하는 것입니다. 상대방의 감정에 집중하고 의견을 존중하면서 본인의 도움 의지와 관심을 충분히 표현해야 합니다. 이때 너무 잦은 질문으로 흐름을 끊지 말아야 하며 충격받았다는 느낌을 표현하지 말아야 합니다. 또한 베푸는 듯한 느낌을 주지 않아야 하며 상대방에게 부담이 될 만한 질문은 피하는 것이 좋습니다. 그리고 이야기를 들어준 후에는 그 사람이 자살 생각이 있다는 것을 가족이나 친지들에게 알리고 절대로 혼자 있게 해서는 안 됩니다.

사회적·국가적으로 정부가 나서서 도울 수 있는 방법을 찾고, 특히나 가정에서 청소년을 정서적으로 지원하고 친밀한 관계를 형성하는 것에 노력해야 합니다. 학교에서 노력할 점은 위기 학생을 지속해서 관리하고 상담해야 합니다. 요즘은 주요 공원이나 공공시설에 자살 생각을 멈추기 위한 일환으로 팻말을 걸어 표시하거나 도움을 위한 상담연락처 등을 안내해 위기 청소년이 언제든 도움을 요청할 수 있습니다.

3장

청소년기에 나타나는
정서적인 문제

우리 몸의 질병 발생원인 중 80%는 마음의 병에서 시작한다고 전문가들은 말합니다. 신체 외부에서 발생하는 질병보다 마음의 병에서 비롯된 질병이 많다는 의미입니다. 그렇다면 마음의 병은 우리 몸에 어떤 영향을 미칠까요?

뇌는 '기억'이라는 기록을 통해 흔적을 남긴다고 합니다. '기억'은 어떻게 저장되는 걸까요? 그것은 바로 신경 세포 간에 화학물질을 방출하여 전기신호를 전달해 주는 '시냅스' 활동의 결과입니다. 신경세포와 신경세포 간에 화학물질을 방출하여 전기신호를 전달해 주는 시냅스 활동은 우리의 뇌가 새로운 것을 경험할 때마다 달라집니다. 예를 들어, 우리가 기분 나쁜 경험을 하면 특정한

시냅스 신경전달물질이 감소하거나 증가하여 우리 몸에 영향을
줍니다. 우울증의 경우, 우울하게 만드는 경험을 시냅스에서 세로
토닌과 노르에피네프린 농도 감소로 뇌에 기억하고 저장하게 되
어 우울증이 나타납니다.

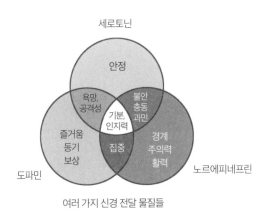

여러 가지 신경 전달 물질들

이러한 시냅스 전달물질은 우리의 감정으로부터 영향을 받아
분비되면서 신체에 영향을 미칩니다. 기분이 좋은 상태에서는 뇌
내의 도파민이나 베타엔도르핀 같은 화학물질이 다량으로 분비
됩니다. 웃을 때 분비되는 엔도르핀은 통증을 잊게 하는 천연 진
통제일 뿐만 아니라 임파구의 생성을 활성화해 면역력과 병균에
저항력을 강화합니다. 마음이 차분해지고 기분이 좋을 때 분비되
는 세로토닌은 화를 조절하고 스트레스를 감소시킵니다.

일이나 공부하기 싫어하면 뇌 내에서 '노르아드레날린'이라고
하는 화학물질이 분비됩니다. 불만이나 공포와 같은 감정을 느낄

때마다 이 물질이 다량으로 분비되면 의식과 잠재의식 사이에 있는 문은 굳게 닫히고 맙니다. 우울한 기분이 들면 아드레날린이 분비되어 긴장감과 스트레스를 고조시키고, 통증을 더 많이 느끼게 되며, 모든 일에 의욕을 감소시키지요. 아드레날린의 과다 분비는 혈압을 상승시키며, 장기간 이런 상태가 지속되면 고혈압, 심장병 등의 원인이 되기도 합니다.

우울하거나 화를 낼 때는 몸 안에서 독소가 만들어진다고 하는 미국의 엘머 게이츠 박사의 연구 결과가 있습니다. 게이츠 박사는 화를 내는 사람, 슬픔과 고통에 빠진 사람, 후회로 괴로워하는 사람, 기뻐하는 사람, 기뻐하는 사람이 토해내는 숨을 각각 채취해 조사한 결과, 기쁠 때 분비되는 각성 호르몬과 엔도르핀은 몸의 노화를 방지하고 활력을 주지만, 화를 내거나 고통을 느낄 때 분비되는 화학물질은 건강에 치명적인 영향을 줍니다. 만일 한 사람이 계속 화를 낸다면 80명을 죽일 정도의 독소를 만든다는 것이 게이츠 박사의 실험 결과로 나타났습니다.

이처럼 청소년기에도 슬픔, 분노, 불안, 우울 등의 심리상태를 피해 갈 수 없으며, 시냅스 신경전달물질의 분비에 의해 몸의 호흡기계, 심장혈관 계, 위장 계, 내분비계 등 자율신경계에 영향을 미칩니다. 그러므로 실제 우리 몸에 나타나는 병은 우리 마음에 상처와 아픔의 반영이 아닐까요? 청소년들이 겪는 심리적 불안과 우울, 분노와 외로움에 대해 살펴보겠습니다.

불안감

✦

중학교 2학년생인 ○○이는 책을 펼치고 한숨부터 내쉽니다. 뭘 해야 할지 모르겠고 공부가 되지 않습니다. ○○이는 1학년 때만 해도 이러지 않았는데, 2학년이 되어서 시험을 보고 나니 이래도 되는 건지 걱정부터 앞섭니다.

초등학교 때까지는 반에서 1등도 하고 그랬는데, 중학교에 오니 공부 잘하는 친구들이 너무 많습니다. 이렇게 공부해서 원하는 고등학교와 대학에 갈 수 있을까 걱정이 앞섭니다.

청소년 시기에 흔히 겪을 수 있는 대표적인 증상 중 하나가 불안이라는 감정입니다. 타고난 기질이나 능력, 부모의 양육 방식 또는 아이를 둘러싸고 있는 환경적인 요인들이 적절히 조화를 이루지 못할 때 행동이나 정서, 인지, 사회성 등에서 적응하지 못하는 문제가 발생하곤 합니다.

불안은 위험하지 않은 상황에서 일어나는 혼란스러운 반응으로 자신도 원인을 알 수 없는 내면의 주관적인 감정 충돌의 산물입니다. 일상생활에서 어느 정도 불안이 나타나는 것은 불가피한 일이기도 하며 정상적인 반응입니다. 그러나 실제 생활의 스트레스와 분명한 관련이 없으면서 심하게 오래 지속되는 불안은 감정 상태의 이상을 나타내는 것입니다.

이때 불안한 감정을 적절히 처리하지 못하면 지속적이거나 주기적인 불안 또는 전반적인 두려움이 엄습하는 불안장애로 진전될 수 있습니다. 뚜렷한 이유 없이 불안이 오래 지속될 때는 아이들의 자신감이나 자아상, 사회성에 영향을 줄 수 있기 때문에 적극적인 치료에 나서야 합니다.

『아무것도 하고 싶지 않은 나에게』(뜨인돌, 문지현)의 저자이자 정신과 전문의는 사람을 걱정과 불안으로 밀어 넣는 일등 공신이 있는데, 바로 '해야 한다 삼총사'라고 말합니다.

즉 '난 성공해야 한다.' '누구나 내게 잘 대해주어야 한다.' '세상은 반드시 살기 쉬워야 한다.' 이런 생각들에 사로잡혀 있으면 순식간에 불안과 걱정에 빠져들게 마련이지요. 어떻게 하면 아이를 불안에서 벗어나게 할 수 있을까요.

불안에서 벗어나려는 훈련

청소년들을 불안에서 벗어나도록 도와주려면 무엇보다 불안한 감정이 매우 힘들다는 것을 알아주고 공감해 주어야 하며 현실적으로 상황을 인지하고 지각할 수 있도록 객관적인 사실을 알려주어야 합니다. 또한 일상생활에서도 마음을 안정시킬 수 있는 긴장 이완 훈련(스트레칭, 바디스캐닝, 복식호흡)이 도움 될 수 있습니다.

일상에서 마음을 안정시킬 긴장 이완 훈련은 다음과 같습니다.

스트레칭을 합니다

몸의 근육을 풀어주는 스트레칭은 불안에서 벗어나는 데 큰 도움이 됩니다. 얼굴이나 어깨, 손, 발등 같은 몸 여러 부위의 근육을 긴장시켰다가 이완시키는 훈련을 자주 하면 좋습니다. 긴장과 이완훈련은 몸의 모든 근육에 적용할 수 있습니다. 이런 방법으로 뭉친 근육을 풀어주는 훈련은 불안감을 없애는 데 효과가 있습니다. 앞서 언급했듯이 몸과 마음이 이완된 상태에서는 불안감이 스며들 여지가 없기 때문입니다.

바디스캐닝(body scanning)을 합니다

자기 몸 어떤 부분의 근육이 긴장 상태에 있는지 간단히 검사하는 절차로, 스트레스와 긴장감을 줄이는 데 효과가 있습니다. 다음과 같은 방법으로 하면 됩니다.

① 몸의 한 부위가 얼마나 긴장되었는지 살피면서 숨을 들이마신다.
② 숨을 내쉬면서 그 부위를 이완시킨다.

③ 동일한 방법으로 몸의 다른 부위를 차례차례 바디스캐닝하고 이완시킨다.

사람에 따라 압력을 받는 지점은 각기 다릅니다. 어떤 사람은 얼굴 근육이 자주 긴장할 수 있지만, 어떤 사람은 목이나 어깨가 뻣뻣할 수 있습니다. 바디스캐닝 경험이 쌓이면 몸의 어느 부위가 자주 긴장하는지 알게 될 것입니다.

복식호흡을 합니다

혹시 몸이 긴장될 때마다 숨 막히는 경험을 하지 않나요? 이때 심호흡을 하고 긍정적인 자기 대화를 시도하면 긴장과 부담을 줄일 수 있습니다. 불안한 마음이 들 때도 심호흡을 하면 불안이 줄어들 것입니다. 미국의 심리학자이자 의학박사로 정신-신체 통합의학 분야의 세계적인 전문가 조앤 보리센코(Joan Borysenko) 교수는 심호흡이야말로 불안에서 벗어나는 가장 효과적인 방법이라고 했습니다. 몸과 마음이 숨쉬기에 집중할 때는 불안한 생각이 들 여지가 없기 때문이죠. 긴장된 상황에서 자신의 호흡 방식을 깨닫고, 이를 여유 있고 편안하게 바꾸는 것은 몸과 마음을 안정시키는 가장 기본적인 기술입니다.

참고로 복식호흡은 배의 근육을 움직여 횡격막을 수축시키는 호흡법입니다. 아무에게도 방해받지 않는 조용한 장소에서, 아래와 같은 순서로 복식호흡을 해봅시다.

① 편안한 자세로 앉는다.

② 눈을 꼭 감고 손을 배꼽 부근에 올려놓는다.

③ 호흡법을 바꾸지 않고, 숨을 들이마실 때 배가 팽창하는지 수축하는지 살펴본다. 들이마실 때 배가 수축하면 흉식호흡을 하고 있는 것이다.

④ 호흡법을 바꾸어 복식호흡을 한다. 규칙적으로 배 깊숙이 공기를 들이마시고, 내쉴 때는 한숨을 쉬듯 숨을 내쉰다. 들이마실 때 배를 부풀리고, 내쉴 때 배를 수축시킨다. 호흡의 속도를 늦추고 더 깊이 숨을 쉴수록 몸과 마음은 더 편안해진다. 더 편안하게 숨을 쉴수록 불안은 사라지고 몸과 마음은 안정된다.

불안일지를 작성합니다

수첩이나 메모장에 불안일지를 작성하다 보면 부정적인 감정에 적극적으로 대처할 수 있습니다. 불안할 때 다음과 같이 불안일지를 작성해 보는 것도 좋은 방법입니다.

언제, 어디서, 누가, 무엇을	불안 정도는	불안에 따라 순간적으로 떠오른 생각은	보다 현실적이고 합리적인 생각은	처음과 비교해서 나아진 기분 정도는

집단 인지행동치료

불안장애 청소년을 위한 최고의 치료법에 대해서 영국 옥스퍼드대학교 정신의학과 연구진이 발표한 논문 내용입니다.

어린이와 청소년의 불안장애 심리 요법에 대한 네트워크 메타-분석을 실시한 결과 '집단 인지행동치료(CBT · cognitive behavioral therapy)'가 최고의 선택이라는 결론을 내렸습니다. 연구 결과는 미국 의사협회지 정신의학(JAMA Psychiatry)에 실렸습니다.

인지행동치료는 여러 사람이 대화를 통해 생각하고 행동하는 방식에 긍정적인 변화를 주도록 서로 북돋게 하는 치료법입니다. 이 방법은 다른 정신질환 못지않게 불안이나 우울증 치료에도 폭넓게 쓰여 왔습니다. 특히 어른 질환자에게 많이 쓰였는데 개인이 감당하기 힘든 큰 문제를 작은 부분으로 나눠 각각 긍정적인 방식으로 고칠 수 있게 돕는 방법이기 때문입니다.

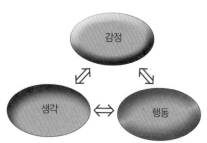

인지행동치료 = 인지치료 + 행동치료

이번 연구 결과 상담, 약물치료 등 여러 정신질환 치료법 가운데 집단 인지행동치료가 유일하게 불안장애 치료에 분명히 효과가 뛰어난 것으로 나타났습니다. 연구진은 어린이 또는 청소년을 대상으로 한 101개의 각각 서로 다른 임상 치료 사례를 무작위로 선택했습니다. 모두 7천 명가량의 환자 사례가 여기에 포함됐습니다. 여기서 쓰인 모든 구조화된 심리치료법의 효과를 서로 비교했는데, 어린이 삶의 질과 생활 능력을 개선하는 데 있어서 집단 인지행동 치료가 탁월한 것으로 드러난 것입니다.

이는 위약을 주는 등의 대조군과 비교에서도 드러났습니다. 집단 치료는 다른 방법에 비해 보다 좋은 효과를 가져 올 가능성이 높은데, 그 이유는 그룹으로 만나기 때문에 환자가 추가적인 사회적 자극과 관계를 형성할 수 있기 때문입니다.

논문 저자 안드레아 치프리아니(Andrea Cipriani) 옥스퍼드 정신의학과 교수는 "어떤 요소와 방식으로 치료에 접근해야 하는지 계속되는 논란이 있다. 이 때문에 의료 전문가와 환자들이 결정을 내리는 데 큰 불확실성이 있었다."며 이번 연구가 이런 불확실성을 줄일 수 있다고 말했습니다. 그는 또 "이번 연구가 특히 고무적인 이유는 청소년의 불안장애 치료에서 심리 요법을 장기적으로 유지하는 것이 유용하다는 근거도 제시하기 때문"이라고 말했습니다.

연구 결과처럼 불안장애 청소년이 학교생활이나 가정생활에 많은 불편을 느낄 경우 꼭 치료를 받도록 돕는 것이 좋겠습니다.

뭉크의 〈절규〉라는 작품을 감상하고 이야기를 나누어 봅시다.

에드바르 뭉크, 절규, 1893 (Edvard Munch, The Scream, 1893)

그림 속의 주인공은 어떤 마음을 가지고 있을지 상상해봅시다.

* 에드바르 뭉크(1863~1944)

노르웨이에서 태어난 화가로 삶과 죽음, 사랑과 관능, 공포와 우수를 강렬한 색채로 표현하였다. 석양의 느낌을 절규라는 그림에 담았다. 해 질 무렵 친구 두 명과 함께 길을 걷다 느낀 감정을 그림으로 그렸다고 한다. 피처럼 붉은 석양이 하늘을 덮는 바로 그 순간, 그는 너무나 슬프고 불안해져서 그 자리에 멈추어 서서 난

간에 기댈 수밖에 없었다고 한다. 뭉크는 금방이라도 피를 뚝뚝 떨어뜨릴 것 같이 낮게 깔려 불타는 듯한 구름을 바라보았다. 공포를 느끼며 언제 끝날지 모르는 자연의 날카로운 절규를 가만히 바라보고 서 있었다. 마치 가슴 저 밑바닥에 자리 잡고 있는 마음속의 절규를 듣고 있는 것처럼. 뭉크는 잊을 수 없는 이 경험을 강렬한 색과 공포에 질린 해골 같은 얼굴로 표현하였다.

우울감

장안의 화제였던 『죽고 싶지만 떡볶이는 먹고 싶어』의 저자 백세희 작가는 기분부전장애와 불안장애를 앓고 있다고 합니다. 기분부전장애란 쉽게 말하자면 지속해서 우울한 상태에 있는 것을 말합니다. 가볍고 지속해서 우울한 상태로 주요 우울장애보다는 약한 우울감이 계속됩니다. 이 책은 정신과 의사와 대화 형식으로 진행됩니다. 부제 "자기가 지금 힘든 줄도 모르고 사는 사람이 많아요, 이유 없는 허전함에 시달리면서."처럼 우울한 것이 소리 없이 지속되는 상태입니다.

우울한 기분과 우울증

우울(憂鬱)이란 사전적 의미로 '어떤 일이 근심스러워 마음이 답답하고 침울함'의 의미입니다. 우울한 기분과 우울증의 차이를 아래 표로 비교해보겠습니다.

《출처》중앙자살예방센터 자료 재구성

위의 표에서처럼 우울한 기분을 느끼는 것은 우울의 기간과 강
도가 일시적으로 나타나며 일상생활을 할 수 있는 정도를 말합니
다. 병원 치료는 거의 필요하지 않으며, 주변 상황에 따라 우울한
마음이 사라지기도 합니다.

하지만 우울증인 경우는 우울의 기간과 강도가 지속해서 나타
나고, 일상생활을 하기 어렵습니다. 이런 경우 병원을 방문하여
치료가 필요하며, 주변 상황이 좋아져도 기분의 변화가 없습니다.
자살을 시도할 가능성이 있으므로 가까운 가족이나 친구, 지인들
의 각별한 관심이 필요합니다. 특히 가족 내에 우울증 가족력이
있는 경우에는 더 그렇습니다. 우울증을 '마음의 감기'라고도 부

릅니다. 우울증은 성적 저하나 대인관계 등 여러 분야에서 문제를 일으킬 수 있으며 심한 경우 자살이라는 극단적인 결과에 이를 수도 있는 뇌 질환입니다. 가까이에 있는 사랑하는 사람의 죽음이나 이별, 외로움, 경제적인 걱정과 같은 스트레스가 지속되면 우울증을 유발하거나 악화시킬 수 있습니다.

청소년 우울증

사춘기 청소년 우울증의 특징적인 증상은 지속적인 우울감, 의욕 저하, 흥미 저하, 불면증 등 수면장애, 식욕 저하 또는 식욕 증가와 관련된 체중 변화, 주의 집중력 저하, 자살에 대한 반복적인 생각, 자살 시도, 부정적 사고, 스스로 가치가 없다고 생각하는 상태, 지나친 죄책감, 가족과의 갈등이나 짜증, 반항 등으로 나타날 수 있으며 등교를 거부하거나, 성적이 떨어지기도 합니다. 신체적인 증상으로는 두통, 복통, 근육통을 호소하기도 합니다. 이런 상태가 지속되면 약물 남용이나 청소년 비행으로 이어지기도 합니다. 우울증에 걸리면 이전에 스트레스를 극복할 때 사용하던 방법들, 예를 들어 영화를 보거나 친구를 만나도 즐겁지 않아서 이를 극복할 수 없을 것 같고, 이러한 괴로움이 앞으로도 영원히 지속될 것처럼 느껴지게 됩니다.

우울증 선별도구(PHQ-9, Patient Health Question)를 활용하여 자신의 우울 상태를 평가해 봅시다.

우울증 선별도구(PHQ-9)				
지난주 2주 동안, 얼마나 자주 아래의 문제를 겪으셨나요?	전혀 없음	3~4일	절반 이상	거의 매일
① 일 또는 여가 활동을 하는데 흥미나 즐거움을 느끼지 못한다.	0	1	2	3
② 기분이 가라앉거나 우울하고 희망이 없다고 느낀다.	0	1	2	3
③ 잠이 들거나 수면이 어렵다. 또는 잠을 너무 많이 잔다.	0	1	2	3
④ 피곤함을 느끼고 기운이 없다.	0	1	2	3
⑤ 입맛이 없거나 과식을 한다.	0	1	2	3
⑥ 자신을 부정적으로 본다. 혹은 자신을 실패자로 보거나 자신 또는 가족을 실망시켰다고 생각한다.	0	1	2	3
⑦ 신문을 읽거나 텔레비전을 보는 일상적인 일에 집중하는 것이 어렵다.	0	1	2	3
⑧ 사람들이 알아챌 정도로 말과 행동이 느리다. 또는 안절부절 못하거나 들떠있다.	0	1	2	3
⑨ 자신이 죽는 것이 더 낫다고 생각하거나 자해에 대해 생각한다.	0	1	2	3
각 항목의 합	0	1	2	3
총합	0	1	2	3
만일 위의 문제 중 하나라도 해당되는 것이 있다면, 이런 문제들로 일하거나 집안일을 하거나 다른 사람과 어울리는 것이 어느 정도로 힘들었습니까?	전혀 힘들지 않았다.	약간 힘들었다.	매우 힘들었다.	극도로 힘들었다.

1번과 2번 문항 모두, 혹은 둘 중 하나에 2점(절반 이상) 혹은 3점(거의 매일)을 주었다면 치료가 필요한 우울증을 겪고 있는 것입니다. 그런데 마지막 문항에서 '전혀 힘들지 않다'를 골랐다면 가장 일반적인 형태인 임상 우울증은 아닐지도 모릅니다. 아홉 개 문항의 점수를 더해 우울증이 어느 정도인지 확인해 봅시다.

· 0~4점: 우울증이 없거나 매우 약한 상태

· 5~9점: 가벼운 우울증

· 10~14점: 보통 정도의 우울증

· 15~19점: 중증 우울증

· 20~27점: 극심한 우울증

혹시 '우울증이 없는 상태'로 나왔다면 정말 다행입니다. 그리고 결과가 '가벼운/중증의/극심한' 상태로 나왔다면 전문가의 치료와 상담을 받아볼 필요가 있습니다.

참고로 아동·청소년의 경우 몇 가지 특징이 나타나기도 하는데 그들은 우울한 감정을 겉으로 드러내지 않을 수도 있습니다. 그들이 보이는 우울 상태는 성인의 우울증과 달리 산만함, 난폭함, 짜증, 반항 등의 행동 변화로 나타나 '가면 우울증'이라 부르기도 합니다.

분노

✦

분노와 분노의 상황들

'화(분노)'란 본능적 감정이 순간적·돌발적인 말 또는 행동으로 표현되는 것을 말합니다. 분노가 나타날 수 있는 상황에는 어떤 것들이 있을까요?

분노가 나타날 수 있는 상황들
과도한 스트레스에 장기간 노출될 경우
마음속에 억눌린 화가 장기적으로 쌓이는 경우
성장 과정에서 정신적 외상이 있었던 경우
낮은 자존감, 열등감, 무시당한다는 생각이 들 경우
특권의식 및 피해의식이 있을 때
뇌의 전전두엽 감정조절 기능이 약한 경우
폭력에 대한 처벌이 약한 사회나 문화적 환경

누구든 자신에게 화를 내거나 잔소리하면 좋아할 사람은 없을 것입니다. 특히 분노를 폭발하는 경우에는 더 그렇습니다. 화가 나는 것은 그 자체로 에너지 소모가 많고 건강에도 좋지 않습니다. 때로는 언성을 높이거나 상대를 밀치는 등 폭력적인 행동을 불러오기도 합니다.

하지만 화 역시 우리를 지키기 위해 존재하는 감정의 일부입니다. 예를 들어, 누군가 무례한 행동을 하거나 잘못할 때, 누군가 약자를 괴롭히는 등 정의롭지 못한 일이 일어나는 걸 봤을 때 화를 느끼곤 합니다. 이런 반응은 정서적으로 상처를 받거나 신체적으로 위협을 받을 때 일어날 수 있는 정상적인 반응입니다. 부당한 일에 대하여 자연스럽게 일어나는 분노는 자신의 안전을 지키기 위한 심리적 방어로 생존 기능, 즉 순기능에 해당합니다. 즉 분노하는 사람이 자신이 '어려운 일에 부딪혔다'는 표현일 것입니다.

분노의 역기능과 순기능

물론 사람들은 옳지 않은 이유로 화를 낼 때도 있습니다. 가령 다른 곳에서 화가 나는 일로 화를 내거나, 오해해서 화를 내는 적도 있습니다. 이러한 합리적인 근거 없이 과도하게 반응하며 타인을 혐오하고 공격하게 만드는 분노는 자신과 타인에게 상처를 남기는 역기능에 해당합니다. 따라서 화를 적절하게 조절하는 방법을 터득하는 것이 중요합니다.

화(분노) 조절에 실패한 결과는 '분노 억제'나 '분노 표출'의 형태로 나타납니다. 분노 억제는 화를 다스리는 것과 달리 자신의 내부로 비난을 향하게 하여 자아존중감을 상하게 하고, 또래 관계나 사회적 상호작용을 방해합니다. 반대로 분노 표출은 화난 표정이나 말투, 욕설, 비난 등으로 나타나 극단적인 공격적 행동이나 보복하고자 하는 충동적인 행동을 유발하여 인간관계가 악화되곤 합니다. 특히 사춘기는 상대적으로 정서가 더 불안정하기 때문에 사소한 일에도 강한 분노가 일거나 반항적인 태도를 드러내기도 하고, 체중감소, 수면장애, 절망감, 자살 시도, 학교폭력, 약물 남용, 품행장애 등의 사회 문제를 일으키기도 합니다.

영미작가 보니 가머스의 소설 『레슨 인 케미스트리 1, 2』(다산책방, 2022. 6)의 주인공 엘리자베스 조트는 "살다 보면 가끔 나쁜 일이 일어나는 게 인생이야. 나쁜 일을 겪었을 때 대처하는 가장 좋은 방법을 아니? 나쁜 일을 삶의 원동력으로 사는 거야. 나쁜 일에 사로잡히는 걸 거부하고 맞서 싸우는 거지."라고 말합니다. 사람들 중에는 분노를 자기 삶의 동력으로 만드는 이들도 많습니다.

분노 그 자체는 부정적인 감정일 수 있지만 잘 조절할 경우에 쉽게 도달할 수 없는 목표나 어려운 일을 감당하게 하는 힘을 주기도 하고, 동기부여에 도움이 되기도 합니다. 또한 자기 자신을 더욱 깊고 객관적으로 성찰할 기회가 될 수도 있습니다. 이러한 과정은 자신과 타인의 인간관계와 평소에 인식하지 못했던 내면의 문제들을 볼 수 있게 합니다.

분노는 건강에도 영향을 미칠 수 있습니다. 신체적인 영향으로 소화불량, 고혈압, 심장병 등을 유발하기도 합니다. 정신적인 질환을 불러오기도 합니다. 그뿐만 아니라 분노는 갈등을 일으켜 난동, 폭력 등 사회적인 문제로 발전되기도 합니다.

청소년기에는 더욱 불안정한 정서적 특성으로 인해 사소한 것에서 강한 분노와 반항을 나타내고 체중감소, 수면장애, 우울, 절망감, 자살 시도, 학교폭력, 약물 남용, 품행장애 등의 사회적 문제를 일으키는 원인이 되기도 합니다.

아래는 분노에 대한 평가와 분노조절장애(간헐적 폭발장애)에 관한 자가 진단입니다. 이를 통해 자신의 상태를 점검해 보았으면 좋겠습니다.

• **분노 평가**(분노 표현하기, Raychelle Cassada Lohmann)

각 문항을 읽고 '그렇다, 또는 아니다'에 답해봅시다.

번호	문 항	그렇다	아니다
1	사람들은 종종 나의 분노에 대해 의견을 말한다.		
2	나는 종종 너무 화가 나서 나중에 내가 한 일을 기억하지 못한다.		
3	가족 중에 분노로 인한 문제를 겪고 있는 사람이 있다.		
4	나는 화가 났을 때 다른 사람에게 해를 입히거나 때린 적이 있다.		
5	나는 종종 피해자라고 느낀다.		
6	나는 종종 나 스스로를 이해할 수 없는 사람이라고 느낀다.		

• 분노조절장애 자가 진단

※ 해당 사항에 체크표시 해보세요.

① 하는 일이 잘 풀리지 않으면 쉽게 포기하고 좌절감을 느낀다. (　　)

② 성격이 급해서 금방 흥분하는 편이다.　　　　　　　(　　)

③ 타인의 잘못을 그냥 넘기지 못하고 문제를 일으킨다.　　(　　)

④ 내가 한 일이 잘한 일이라면 꼭 인정받아야 하고, 인정받지 못하면 화가 난다. (　　)

⑤ 다른 사람이 나를 무시하는 것 같고 억울한 생각을 자주 한다. (　　)

⑥ 화가 나면 주변의 물건을 집어 던진다.　　　(　　)

⑦ 중요한 일을 앞두고 화가 나 그 일을 망친 경험이 있다. (　　)

⑧ 내 잘못을 다른 사람의 탓으로 돌리며 화를 낸다. (　　)

⑨ 화가 나면 쉽게 풀리지 않아 우는 경우가 종종 있다. (　　)

⑩ 게임을 할 때, 의도대로 되지 않으면 화가 쉽게 난다. (　　)

⑪ 화가 나면 상대방에게 거친 말과 폭력을 행사하기도 한다. (　　)

⑫ 분노의 감정을 어찌할지 몰라 당황한 적이 있다. (　　)

분노조절장애 자가 진단 12개 문항 중

· 1~3개 : 분노 조절 가능 단계

· 4~8개 : 분노 조절 능력 조금 부족

· 9개 이상 : 분노조절장애로 전문의 상담 필요합니다.

분노 표출의 3가지 유형과 대처법

난폭함과 폭력성을 보이는 분노 조절 문제는 어쩔 수 없는 성격

이어서 그냥 둬야 할까요? 분노 표출의 3가지 유형과 대처법에 대해 알아보겠습니다.

① 공격형: 언성을 높이고, 상대방이 상처받을 말을 하며, 폭력적 행동을 하는 유형

→ 진짜 화가 나는 원인이 무엇인지 잠깐 멈추고 생각해 봅니다. 자신의 감정을 느끼고, 원인을 파악하며, 세련되고 적절히 표현하는 자기주장적 표현 훈련을 해야 합니다. 분노 조절을 못 하는 사람들은 자신이 화를 내는 이유를 잘 알지 못하거나 적절히 설명하지 못합니다. 예를 들어 평소 질투하거나 싫어하는 사람을 칭찬했을 때 갑자기 화가 나서 소리를 질렀다고 가정해 봅시다. 하지만 곰곰이 생각해 보니 내가 싫어하는 사람을 칭찬해서 열등감과 질투심이 느껴져 화가 난 것이었습니다. 이런 자신의 감정을 간파했다면 아마도 상대에게 화를 내지는 않았을 것입니다.

② 수동 공격형: 분노를 그 순간 표현하는 것에 어려움을 느끼지만, 다른 방식으로 표현하는 유형

→ 내면에 숨겨진 화의 원인을 확인하고, 적극적으로 표현합니다.

③ 억압형(수동형): 화를 표현하지 않고 꾹 참거나, 그 감정 자체를 외면하는 유형

→ 자기주장 훈련하기, 직접 표현하기 힘들 때 글로 써서 전달합니다.

분노, 어떻게 조절할까?

학생들과 분노 조절에 관한 수업을 해보았습니다. "화가 나면 어

떻게 하니?"라고 질문했더니, "베개를 던져요.", "숨을 크게 쉬어요.", "친구랑 카톡을 해요" 등의 대답을 하였습니다. 코로나19 이후 카톡이나 SNS 사용은 그 어느 때보다 중요해진 것 같습니다.

또 어떤 친구들은 어른스러운 대답을 하더군요. "어려운 일이 생겼으니 도와줘."라고 이야기한답니다. 어른들도 하기 어려운 말인지도 모르겠습니다. 그리고 화가 날 때는 '그만'이라고 외치기도 한답니다. 화가 나면, '그만!'이라고 말하는 것이지요. "속으로 하다가 나중에 소리를 크게 지르면 화가 가라앉아요."라고 대답하는 학생도 있었습니다.

많은 학생이 대답하는 것은 좋아하는 음악을 듣거나 그림을 그린다는 것입니다. 특히, 좋아하는 게임에 몰입한다는 친구들은 단연 압도적입니다. 또 정말 효과적인 것 중의 하나는 잠들기 전 양을 한 마리부터 백 마리까지 센다는 것입니다. 저도 해보았는데, 숫자 세기는 정말 좋은 방법인 것 같습니다.

그 외 청소년들이 많이 하는 것 중 하나가, 혼잣말인데요. 즉, 자신에게 위안이 되는 말을 반복해서 합니다. "괜찮아, 괜찮을 거야. 아무 일도 일어나지 않을 거야." "그럴 수도 있지. 별것 아니야." "아직 모든 게 끝난 게 아니야." 이렇게 말하는 것이지요.

유쾌한 기억이나 즐거운 상상하기는 남다른 기쁨을 주기도 합니다.

눈을 감고 호흡에 집중합니다. 천천히 숨을 들이마시고 내쉽니다. 편안하고 즐거운 장소나 즐거웠던 순간을 떠올립니다. 최근에 재미있었던 TV 장면, 친한 친구와 재미있게 놀거나 크게 웃었던 순간, 내가 좋아하는 사람의 얼굴 등을 떠올려도 좋습니다. 마음에 드는 즐거운 상상, 또는 편안하고 고요한 장면을 떠올려도 좋습니다.

제가 학생들에게 지도하는 방법은 심호흡하기와 근육 이완하기입니다.

심호흡하기는 화가 나는 상황에서 즉각 반응하지 않고 호흡을 천천히 합니다. 숨을 들이마실 때는 코로 들이마시고, 내쉴 때는 입을 살짝 벌려 길게 내쉽니다. 하나에 들이마시고, 둘에 길게 내쉽니다. 그리고 이완될 때까지 계속 호흡에만 집중하며 천천히 숨을 들이마시고 내쉬는 것을 반복합니다. 긴장 이완 훈련은, 양쪽 어깨에 힘을 주어 귀밑까지 바짝 끌어올려 붙입니다. 목 주변과 어깨, 귀 목덜미에 심하게 긴장이 느껴질 것입니다. 그 상태를 계속 느끼며 일곱까지 세어봅니다. 힘을 뺄 때는 천천히 일곱을 세면서 힘을 뺍니다. 양어깨와 목, 머리 등이 이완되는 것을 느끼게 될 것입니다. 그 이완된 상태를 그대로 느껴보세요.

함께해보기

친구가 지난 주말 시험을 위해서 요점 정리한 교과서와 문제집을 빌려 갔는데 시험이 내일인데 되돌려주지 않는다. 이럴 때 이건 나를 무시하니까 함부로 행동한 거고 생각했다. 그렇게 생각하니 친구를 만났을 때 너무 화가 나서 충동적으로 주먹부터 날렸다. 그런데 내가 때린 것 때문에, 잘못한 건 친구인데 선생님과 부모님께 나만 계속 혼이 나고 징계까지 받았다. 친구들은 말로는 멋있었다고 했으면서 내가 뭘 빌려달라고 하거나 빌려주려고 할 때마다 꺼리고, 슬슬 나를 피하는 것 같다.

(1) 위의 상황 같이 폭력으로 분노를 표출하지 않으려면 어떻게 해야 했을까?

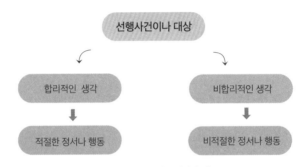

생각에 따라 달라지는 정서와 행동

2) 분노 감정을 바꿀 수 있는 다양한 방법들을 떠올려 보고, 분노 진정시키기, 유머 찾아 웃어보기, 나를 주어로 말하기 등의 방법을 어떻게 활용할 수 있을지 적어보세요.

외로움

오래전 tvN 토크쇼 프로그램《어쩌다 어른》에서 출연자의 외로움 정도를 체크해보기 위해 외로움 상중하(上中下) 테스트를 해보았습니다.

외로움 상중하 체크리스트
아래의 체크리스트를 읽고 해당 사항에 체크해봅니다.

번호	체크리스트	
1	말하다 보면 어느 순간, 나 혼자 떠들고 있다.	☐
2	새벽녘에 자꾸 눈이 떠진다.	☐
3	나 혼자서만 많은 말을 하고 있다고 생각한다.	☐
4	휴대전화에 메시지 온 게 있는지 자꾸 확인한다.	☐
5	새로운 친구를 사귀기가 힘들다.	☐

6	나도 모르게 내 몸을 자꾸 쓰다듬거나 토닥인다.	☐
7	전보다 성에 대한 관심이 줄었다.	☐
8	웃음 끝이 짧아졌다.	☐
9	맛보다는 배고프지 않기 위해 먹는다.	☐
10	항상 나 혼자라는 생각이 든다.	☐

체크리스트에 대한 해석은 7~10개를 체크했을 때 외로움은 上, 5~6개를 체크했을 때는 中, 4개 이하를 체크했을 때 下를 의미합니다. 프로그램의 취지는 어른들의 마음도 젊은이들과 별반 다르지 않다는 것을 보여주면서 성인들도 외로움에 대한 관심이 높아지고 있음을 말해주고 있습니다.

"선생님, 전에는 외롭다는 느낌이 들지 않았는데, 요즈음은 외로움이 느껴져요. 왜 그런 걸까요?"

요즘 학생들과의 대화 중 일부입니다. 요즘 아이들은 외동인 경우가 많고, 부모님은 바쁘고, 그래서 더 외로움을 느낄 때가 많은 것 같습니다. 청소년이 외로움을 극복하는 방법에 대해 제대로 이해하기는 어려울 거로 생각합니다. 먼저 청소년을 이끄는 보호자가 외로움 극복 과정에 함께하면서 지도해야 할 것입니다.

외로움의 이유와 거기서 벗어나기

외로움의 원인은 무엇일까요? 외로운 사람들은 주위에 사람이 없어서 외로움을 느끼는 것이 아니라, 주위에 있는 사람들과 친밀한 관계를 맺는 법을 모르거나 그쪽으로 잘 발달하지 못했기 때문입니다. 외로움을 느끼는 사람들은 대체로 이성이나 다른 사람에 대한 관심이 부족합니다. 즉 사람들과 관계를 맺으려는 관심이 부족한 편입니다.

외로움에서 벗어나기 위해서는 주위에 있는 사람에게 관심을 보이고 먼저 관계 맺는 노력이 필요합니다. 격언 중에 '친구를 사귀려면 친구가 되어 주라'는 말이 있습니다. 외로운 사람들은 다른 사람의 친구가 되어 주는 방법도 잘 모르고, 다른 사람이 친구가 되기 위해 다가와도 이를 받아들이는 방법에도 서투릅니다.

외로움을 극복하기 위해서는 남이 다가오는 걸 기다리기보다는 남에게 먼저 다가가는 것이 필요합니다. 또한 외로운 사람들은 공감하는 능력이 부족합니다. 사람들과 관계를 맺으면 상대방의 입장에서 감정을 느껴주고, 알아주고, 표현할 수 있어야 하는데 외로운 사람들은 이럴 때 공감하는 능력이 부족한 편입니다.

한편 이성과의 관계를 추구하지 못하는 사람들은 상대방이 거절하는 이유가 '자신의 약점이나 부족함 때문이라고 생각하고 거절당할 것'이라 미리 짐작하고 관계 맺기를 시도조차 하지 않습니다. 사람은 거절하기도 하고 거절당하기도 하는 것이 현실이고 일반적이므로 거절을 두려워할 필요는 없습니다.

친밀한 관계를 맺으려면 자신의 약점이나 내면을 개방하고, 상대방의 약점이나 어려운 점을 수용해 주는 것이 중요합니다. 자기 내면을 개방한다는 것은 자신의 삶을 수용하려는 태도를 갖추고 있다는 것을 의미합니다. 외로움은 주위 사람들이나 세상이 만들어 내는 것이 아닙니다. 외로움을 느끼는 사람 자체가 외로움을 만들어 내고 유지하는 것이라 보는 것이 더 정확합니다.

청소년의 외로움

『고립의 시대』(들녘, 2021)로 코로나19 이후 닥칠 외로움의 후폭풍을 지적한 노리나 허츠(Noreena Hertz) 유니버시티칼리지 런던 세계번영연구소 명예 교수는 '외로움 바이러스'를 경고하면서 청년층이 가장 외로움을 느끼고 우정 시장(친구를 맺는 일)이 커질 것이라고 이야기하고 있습니다.

외로움을 어떻게 다루는가에 따라 사랑과 결혼, 우정과 성취를 둘러싼 삶의 질, 빛깔과 방향이 달라지는 건 아닐지 생각해 봅니다.

> 책에서 그는 어린아이가 상담원에게 전화해 "엄마가 날 안아주지 않는다."며 울었다고 합니다. 청년들은 고립에 몰려 극단적 선택을 하고, 노인들은 경범죄를 저지르고 차라리 '덜 외로운' 감옥행을 택한다고 하니, 사람들은 바이러스 감염보다 외로움을 더 두려워하기 시작한 것 같습니다.(p12)

'감염만큼 외로움이 위험하다'고 경고하며 '외로움 경제가 폭발할 것'이라고 유니버시티칼리지 런던 세계번영연구소의 명예교수 노리나 허츠 교수는 예고합니다. 허츠 교수는 "외로움이 담배 15개비를 피우는 것과 동일하게 해로우며, 외로울수록 우리는 공격적으로 됩니다."(p19)

이 문제에 대해 이웃과 나누는 인사 등의 미세한 상호작용이 중요하다고 말합니다. 즉, 사는 곳에 뿌리가 깊으면 외로움 저항력이 생길 수 있다고 합니다. 예를 들어, 카페 바리스타 등 이웃과 나누는 가벼운 인사인 미세 상호작용이 중요하다는 것이지요.

"지속적 고립은 매일 담배를 15개비 피우는 것만큼 해로워요. 우울증, 불안, 자살 충동 같은 건 말할 것도 없고, 육체에도 직접 해를 끼치죠. 남과 연결되고 싶은 종의 본능은 '외로운 몸'을 각성 상태로 이끌어서, 혈중 스트레스 호르몬 수치와 맥박, 혈압을 상승시킵니다. 외로운 사람은 운동을 전혀 하지 않거나 비만한 사람보다 심근경색, 뇌졸중에 걸릴 확률이 20% 높습니다. 치매에 걸릴 확률은 60% 이상이죠."(p39)

"연구 결과 우리 중에 가장 외로운 연령층은 청년층이라는 겁니다. 영국의 밀레니얼 세대는 다섯 명 중 한 명이 친구가 없어요. 미국의 24세 이하는 세 명 중 한 명이 자주 외롭다고 답했습니다. 한국도 지난 10년간 십 대와 청년층을 중심으로 외로움이 급속도로 확대되고 있습니다."

그는 자신이 책을 쓴 이유도 교수 사무실을 찾아와 '너무 외롭다'고 털어놓는 학생들이 갈수록 늘었기 때문이라고 했습니다. 그는 또 청년들의 '외로움 증가'가 2010년부터라면, 소셜 미디어 태동기와 절묘하게 맞아떨어진다고 말합니다.

노리나 허츠 교수는 마침 그해 스탠퍼드대에서 대규모 연구를 했습니다. 통제집단에 속한 1,500명의 학생은 평소처럼 페이스북을 사용했고 다른 1,500명은 두 달간 페이스북을 끊었어요. 결과는 명확했습니다. 페이스북을 끊은 집단은 친구, 가족과 직접적인 활동을 더 많이 했고, 더 자주 행복감을 느꼈어요. 페이스북을 끊는 건 심리치료를 받는 것과 최대 40%까지 같은 효과가 있었다고 말합니다.

UCLA 외로움 척도 함께해보기

노리나 허츠 교수의 말처럼 우리는 지금 외로움의 시대를 살아가고 있는 것 같습니다. 책에 수록된 'UCLA 외로움 척도' 테스트입니다. 이 책을 읽는 독자분들도 한번 체크해 보시기 바랍니다.

번호	체크리스트	점수			
1	주위 사람들과 '마음이 통한다'고 자주 느끼십니까?	① 늘 느낀다	② 종종 느낀다	③ 거의 느끼지 않는다	④ 전혀 느끼지 않는다

　　　　　　　　　　　　　　3장·청소년기에 나타나는 정서적인 문제

2	친구를 사귀는 능력이 부족하다고 자주 느끼십니까?	① 전혀 느끼지 않는다	② 거의 느끼지 않는다	③ 종종 느낀다	④ 늘 느낀다
3	당신이 의지할 사람이 아무도 없다고 자주 느끼십니까?	① 전혀 느끼지 않는다	② 거의 느끼지 않는다	③ 종종 느낀다	④ 늘 느낀다
4	당신이 혼자라고 얼마나 자주 느끼십니까?	① 전혀 느끼지 않는다	② 거의 느끼지 않는다	③ 종종 느낀다	④ 늘 느낀다
5	당신이 친구 집단의 일원이라고 자주 느끼십니까?	① 늘 느낀다	② 종종 느낀다	③ 거의 느끼지 않는다	④ 전혀 느끼지 않는다
6	당신이 주위 사람들과 공통되는 게 많다고 얼마나 자주 느끼십니까?	① 늘 느낀다	② 종종 느낀다	③ 거의 느끼지 않는다	④ 전혀 느끼지 않는다
7	당신이 더 이상 누구와도 가깝지 않다고 얼마나 자주 느끼십니까?	① 전혀 느끼지 않는다	② 거의 느끼지 않는다	③ 종종 느낀다.	④ 늘 느낀다
8	당신의 관심이나 생각이 주위 사람들과 공유되지 못한다고 자주 느끼십니까?	① 전혀 느끼지 않는다	② 거의 느끼지 않는다	③ 종종 느낀다	④ 늘 느낀다
9	당신이 사교성과 싹싹함이 있다고 자주 느끼십니까?	① 늘 느낀다	② 종종 느낀다	③ 거의 느끼지 않는다	④ 전혀 느끼지 않는다
10	사람들과 가깝다고 얼마나 자주 느끼십니까?	① 늘 느낀다	② 종종 느낀다	③ 거의 느끼지 않는다	④ 전혀 느끼지 않는다
11	따돌림을 당하고 있다고 얼마나 자주 느끼십니까?	① 전혀 느끼지 않는다	② 거의 느끼지 않는다	③ 종종 느낀다	④ 늘 느낀다

12	다른 사람들과의 관계가 의미가 없다고 얼마나 자주 느끼십니까?	① 전혀 느끼지 않는다	② 거의 느끼지 않는다	③ 종종 느낀다	④ 늘 느낀다
13	누구도 당신을 제대로 아는 사람은 없다고 얼마나 자주 느끼십니까?	① 전혀 느끼지 않는다	② 거의 느끼지 않는다	③ 종종 느낀다	④ 늘 느낀다
14	다른 사람들로부터 고립돼 있다고 자주 느끼십니까?	① 전혀 느끼지 않는다	② 거의 느끼지 않는다	③ 종종 느낀다	④ 늘 느낀다
15	당신이 원할 때는 친교를 맺을 수 있다고 얼마나 자주 느끼십니까?	① 늘 느낀다	② 종종 느낀다	③ 거의 느끼지 않는다	④ 전혀 느끼지 않는다
16	당신을 진정으로 이해하는 사람이 있다고 얼마나 자주 느끼십니까?	① 늘 느낀다	② 종종 느낀다	③ 거의 느끼지 않는다	④ 전혀 느끼지 않는다
17	자신이 수줍어한다고 얼마나 자주 느끼십니까?	① 전혀 느끼지 않는다	② 거의 느끼지 않는다	③ 종종 느낀다	④ 늘 느낀다
18	주위에 사람들이 있지만 당신과 함께 하지는 않는다고 얼마나 자주 느끼십니까?	① 전혀 느끼지 않는다	② 거의 느끼지 않는다	③ 종종 느낀다	④ 늘 느낀다
19	당신이 이야기를 나눌 수 있는 사람이 있다고 얼마나 자주 느끼십니까?	① 늘 느낀다	② 종종 느낀다	③ 거의 느끼지 않는다	④ 전혀 느끼지 않는다
20	당신이 의지할 사람이 있다고 자주 느끼십니까?	① 늘 느낀다	② 종종 느낀다	③ 거의 느끼지 않는다	④ 전혀 느끼지 않는다

총점 :   점

3장 · 청소년기에 나타나는 정서적인 문제

- 44점 이상이면 상당히 외로운 상태
- 33~39점이면 외로운 상태
- 28점 미만이면 외로움이 미미한 상태

외로움, 어떻게 극복할까?

청소년들을 만날 때 수줍어서 말을 잘 건네지 못하는 경우를 종종 봅니다. 누군가에게 마음을 열 때 거절당할 것을 두려워하지 않아야 합니다. 누구에게나 받아들여져야 한다는 완벽주의적인 생각을 버리는 것이 좋습니다. 사람은 그 누구도 완벽하지 않습니다. 때로는 거절하기도, 때로는 거절당하기도 하지요. 한 사람에게 거절당했다고 해서 모든 사람이 거절할 것으로 생각하는 것은 지나친 생각입니다.

또한 사람에 대한 부정적인 편견을 버려야 합니다. 외로움을 느끼는 청소년 중에 과거에 가까운 사람에게서 상처받은 경험이 있는 것을 발견합니다.

"다시 상처받고 싶지 않아요."
"친구 중에 저를 좋아할 친구가 있을까요?"

상처를 받고 나면 이 세상 사람들은 아무도 믿을 수 없다는 생각에 사로잡혀 다른 사람들과 고립된 채 외롭게 지냅니다. 서로 상처를 주고받는 부족한 존재들이지요. 이러한 현실을 인정하고 한시바삐 다른 사람을 부정적으로 바라보는 시각에서 벗어나야 합니다.

그래서 누군가를 만나려 할 때 작은 만남부터 시도해 보기를 권합니다. 처음부터 심각하게 사귀려고 하지 말고, 사소한 대화를 나누면서 상대방과 조금씩 연결을 시도해 보세요. 이러한 만남이 잦아지면 더 깊은 관계로 발전할 수 있으니까요.

외로움을 극복하기 위해서 어떠한 사람이 되어야 할까요? 적극적인 사람이 되어 보세요. 사람은 성격에 따라서 공격적인 사람, 수동적인 사람, 적극적인 사람이 있습니다. 공격적인 사람은 남에게 혐오감을 줄 수 있고, 수동적인 사람은 타인에게 이용당하거나 조종당할 수 있습니다. 그러나 적극적인 사람은 자신의 삶에 주인 의식을 가지고 자신의 생각이나 감정을 적극적으로 표현하는 사람들입니다. 자신의 감정을 수용하고 적극적으로 표현할 때 외로움을 극복할 수 있습니다.

다른 사람의 눈치에서 벗어나야 합니다. 외로운 사람은 다른 사람들이 부정적으로 평가하는 것에 대해 불안을 많이 느끼는 사람들이 많습니다. 사람의 가치는 다른 사람들이 인정한다고 해서 되는 것이 아닙니다. 스스로 자신의 처지를 받아들일 때 인간의 존엄성에 대한 자유로운 가치를 느끼게 되는 것입니다.

또한 자신을 책임질 수 있는 만큼 개방해야 합니다. 초기에 자신을 개방하는 것은 오히려 친밀한 관계에 방해가 될 수 있지만,

관계가 지속되는 경우에 자신을 개방하지 못하면 신뢰를 쌓기 어렵습니다. 신뢰 관계는 상대방에게 자신의 부족한 점을 털어놓을 수 있어야 하고, 상대방도 자신의 약점을 남에게 폭로하지 않고 지켜줄 수 있을 때 유지할 수 있습니다. 자신을 개방하는 것은 일종의 모험입니다. 그러나 모험이 있어야 서로를 잘 알게 되는 기회를 가질 수 있습니다.

아래는 미국의 심리학 사이트인 사이칼러지닷컴이 2016년 최고의 기사 중 하나로 선정한 '외로움을 느낄 때 시도해야 할 10가지 일들'(토니 번해드, 캘리포니아대학교 교수) 입니다. 2017년 동아사이언스에서 소개한 기사를 재인용하여 소개합니다.

1. 어떤 경우라도 자신을 비난하지 말아요.
외로움이 자신 때문이라고 생각하지 마세요. 자신의 잘못 때문에 고립된 거라고 생각해서는 안 됩니다. 이런 생각은 옳지도 않고 상황을 더욱 악화시킬 테니까요.

2. 사람이 아닌 '친구'에게 위안을 찾으세요.
사람 말고도 친구는 많아요. 반려동물, 맛있는 음식, 좋아하는 책, TV 프로그램 등이 있겠죠. 밖에 잠시 혼자 앉아 있는 것도 좋아요. 어떤 것이 당신을 위로하는지 직접 시도하면서 확인해 보세요.

3. 좋은 사람들과 연락하세요.
평소 편안한 사람이 있죠. 잘 웃게 만드는 친구도 있어요. 전화를 걸어보는 겁니다. 메일을 보낼 수도 있고요. 메신저도 가능하겠네요. 외로움을 느낄 때 다른 사람에게 연락을 시도하기가 쉽지는 않지만, 생각보다는 어렵지 않고 위안 효과도 크답니다.

4. 창의성이 필요하고 단순한 일을 해 봐요.

높은 수준의 창의성이 필요한 일을 말하는 게 아닙니다. 컬러링 북이 있겠죠. 직소 퍼즐도 있고 자수도 있을 것입니다. 집중도 되고 다 끝나면 보람도 느끼는 일에 잠깐 몰두해 보세요. 외로움이 옅어질 것입니다.

5. 다른 사람을 도와주세요.

어려움에 처한 사람들을 도와주세요. 실제 이웃도 있겠죠. 또 도움이 필요한 사람들은 인터넷에서도 많이 찾을 수 있어요. 남을 도우면 외로움에서 벗어날 수 있습니다. 자기 자신에게 지나치게 집중하지 않게 되기 때문이죠.

6. 외로움을 미워 마세요. 오랜 친구로 여기세요.

외로움이 당신의 마음속으로 스며든다고 해서 그 감정을 부정적으로 여기지 마세요. 오래된 친구라고 생각해요. "야, 외로움아, 너 오랜만에 나를 찾아왔구나"라고 생각하는 거죠. 이렇게 하면 자신의 심리 상태를 객관화할 수 있죠. 외로움을 느끼는 자신을 한 걸음 떨어져 바라볼 수 있을 겁니다.

7. 항상 인생이 즐거울 수는 없어요. 내일은 또 다른 날이 될 겁니다.

인생이 항상 즐거움으로 가득 찰 수는 없습니다. 슬픔, 화, 외로움 등이 찾아오는 게 정상입니다. 이들 감정은 모두 비영구적입니다. 생겼다가 사라지고 또 생겼다가 사라지는 겁니다. 당신의 외로움은 내일이면 지워지고, 내일은 또 새로운 날이 될 것입니다.

8. 노래를 불러 봐요.

외로울 때 노래를 부르면 효과가 아주 좋습니다. 슬플 때도 마찬가지겠죠. 노래를 흥얼거리는 동안 외로움이 마음에서 조금씩 빠져나갈 것입니다.

사춘기의 외로운 감정 '일기'로 표현해보기

안네 프랑크(Anne Frank)가 쓴 『안네의 일기』는 나치 독일의 유대인 학살을 피해 다락방에 숨어 지낼 때 '나는 누구일까? 어떻게 태어났을까?'를 생각하면서 쓴 일기입니다. 가장 예민한 사춘기에 사회와 단절된 은둔 생활을 하면서 친구에게 편지를 쓰듯이 일기를 통해 자기 내면의 고통과 두려움을 기록했던 것입니다.

수업 시간에 학생들과 '이성 친구를 사귀는 이유는 무엇일까?'에 대해 토론해 보았습니다. 학생들은 주로 "좋아서", "이성이 궁금해서", "이성 친구를 사귀면 외롭지 않을 것 같아서"라고 응답했습니다. 어쩌면 요즘 사춘기 아이들은 과거보다 더 큰 외로움을 경험하고 있는지도 모릅니다. 저 역시도 정체성이 형성되던 청소년기에 고민이 생기거나 미래에 대한 두려움이 찾아올 때마다 일기장을 펴고 솔직한 속마음을 담아 글쓰기 했던 기억이 납니다. 그리고 나면 마음이 차분해지고 안정감을 느꼈던 것 같습니다. 내면의 고통과 외롭게 싸우고 있는 이들에게 자신의 감정을 솔직하게 기록한 일기를 써보는 것도 의미 있는 일이라고 생각합니다.

할 엘로드, 스티브 스콧, 아너리 코더 공저의 『아침 글쓰기의 힘』(생각정원, 2017)에 기록이 주는 힘을 다음과 같이 말하고 있습니다.

> "우리는 인생의 나침반으로 글쓰기를 말하고자 한다. 글쓰기를 하면 자신이 서 있는 곳을 분명히 알고 자기 삶의 목적이 되는 방향을 찾아 행복하게 살아갈 수 있다."(23p)

사람에게는 언어라는 고유한 특성이 있습니다. 이는 서로 간의 구체적인 생각을 표현하고 전달합니다. 구체적인 생각을 표현하고 전달하는 것이 글쓰기이며 작가는 글쓰기를 통해 자신을 성찰할 수 있고, 표현할 수 있으며 다른 사람과 원만하게 소통할 수 있다고 합니다. 그래서 글쓰기는 삶을 풍요롭고 행복하게 만들어 주는 일종의 나침반 같은 것이라고...

함께해보기

고민과 외로움을 느낄 때 자신의 감정을 솔직하게 담은 일기를 써봅시다.

4장

마음과 관련한
질환들

"아버지가 사업 실패로 무너졌어요. 집은 경매로, 가구엔 빨간딱지가 붙었죠. 돈 문제에, 건강도 좋지 않아 취업이 잘 안 되더라고요. 여기에 가장 믿었던 친구 중 일부가 배신했죠. 삶에 회의가 들어 포기하려 했었습니다. 유서도 썼고요. 죽으려던 찰나에 저를 붙잡은 건, 정말 소박한 아이스크림 이모티콘 하나였어요. '열부터 식히자'며 친구가 보낸 거였지요. 그제야 이성을 찾고 죽음을 멈췄었습니다. 이후 상황이 좋아졌어요. 누구나 다 아는 기업에 취직해 고연봉을 받고, 잘 맞는 사람도 만났습니다. 지금 삶은 행복합니다."(영호씨, 가명)

어느 신문 기사에서 읽은 인터뷰입니다. 지친 마음의 병으로 죽음을 생각하다가 결국 살기를 선택한 분의 이야기를 보면서 주위의 따뜻하고 작은 위로의 말에 상황이 긍정적으로 바뀌는 것을 봄

니다. 누구나 가질 수 있는 마음의 병은 자기 잘못도, 특별한 질병
도 아니며 가까운 가족과 친구뿐만 아니라 나에게도 생길 수 있는
감기 같은 질병입니다. 하지만 마음의 병을 고치지 않고 곪아 터
지게 방치한다면 살아가는 데에 아주 힘들 수 있습니다. 현대 사
회 우리 주변에서 흔히 겪는 마음의 병을 바르게 알아야 대처할
수 있고, 또 그들의 손을 잡아줄 수 있습니다. 현대인이 겪는 아울
러 우리 청소년도 겪을 수 있는 마음의 질환들을 알아보겠습니다.

우울장애

✦

마음이 허약해서 걸리는 병일까요?

의욕이 떨어지고 우울감 증상으로 여러 가지 인지 및 정신적, 신체적 증상을 일으켜 일상생활에 지장을 초래하는 질환을 우울장애 또는 우울증이라고 해요. 우울증의 원인은 아직 명확하게 밝혀지지 않았으나 다른 정신질환과 마찬가지로 다양한 환경이나 유전적인 요인으로 인해 발병하는 것으로 알려져 있습니다.

최근 우울장애를 앓는 환자가 늘고 있습니다. 국민건강보험공단 자료를 보면 2021년 정신질환으로 병원을 방문한 환자 수는 405만 8855명이고, 코로나19 이전인 2019년(362만 7452명)과 비교해 11.9%나 증가했습니다. 이 가운데 2021년 우울장애 환자는 91만 758명으로 2019년(79만 6364명)보다 12.0%가량 증가하였습니다.

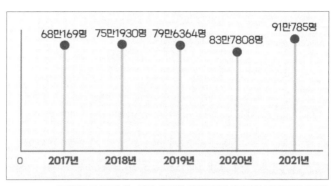

우울증으로 진료 받는 환자,《출처》건강보험심사평가원 통계(2017-2021)

우울장애는 누구나 걸릴 수 있는 병임에도 여전히 우리 사회는 별것 아닌 병으로 치부하거나 마음이 약해서 걸리는 병이라고 경시하는 풍조가 있지만, 이는 모두 잘못 생각하는 것이며 반드시 의사의 치료를 받아야 할 정신질환임을 기억해야 합니다.

그렇다면 이러한 우울장애에는 어떤 것들이 있을까요?

멜랑콜리형 우울증

외부적인 요인이 아닌 스스로 가진 요인에 의해 발생하여 자살로 연결할 확률이 가장 높은 멜랑콜리형 우울증은 보통 성인들에게 나타나는 우울증으로 알려져 있으나 사춘기 청소년들에게서도 비교적 잘 나타납니다. 가령,

① 즐거운 감정을 잘 못 느끼고
② 심한 식욕감퇴와 체중 감소가 일어나고

4장 · 마음과 관련한 질환들

③ 안절부절 못하거나 행동이 느려지며

④ 새벽에 잠자리에서 일찍 깨고

⑤ 아침에 모든 증상이 더 심해지는 특징을 보입니다.

사춘기 때 청소년들은 어딘가 냉소적이고, 어두워지며, 울적해 보이는, 흔히 멜랑콜리한 기분에 취하기 시작합니다. 멜랑콜리(melancholy)라는 건 우울감, 구슬픔과 같은 느낌으로, 딱 이렇다 할 이유 없이 괜히 기분이 울적하고 뭔가 애매한 기분이나 느낌이 들때 사용하는 표현입니다.

이처럼 멜랑콜리형 우울증은 우리 뇌의 전두엽 부분의 기능 저하로 인해 생기며 스스로를 통제하는 능력이 전반적으로 떨어지는 증상을 보입니다. 그래서 호르몬의 분비 변화로 충동적인 행동이 많아지며 판단력과 인지능력이 떨어지고 부정적인 시각으로 모든 것을 판단하는 경향이 생깁니다. 또한 주변 사람이 보기에 뭔가 불안한 느낌이 강하게 들며 모든 행동이 전반적으로 느려집니다.

기분부전장애(경도 우울증)

가벼운 우울증이 지속되는 상태, 즉 경도 우울증이라고도 하는 기분부전장애가 있습니다. 기분부전장애는 마음이 편하지 아니하고 근심이 지속되는 심리상태입니다.

몇 년 전 베스트셀러 『죽고 싶지만 떡볶이는 먹고 싶어』(백세희,

도서출판 흔)라는 책이 화제였습니다. 백세희 작가가 10년 넘게 기분부전장애(경도 우울증)와 불안장애를 앓으며 정신과를 전전하다 정착한 담당 의사와 상담하는 내용을 대화체로 엮은 책입니다. 사실 이 책을 통해 사람들은 기분부전장애라는 질병에 많은 관심을 두게 되었습니다.

기분부전장애라는 용어는 1980년대부터 등장했고, 그전에는 신경증적 우울증, 성격적 우울증, 기질적 불쾌감 등으로 불렸습니다. 기분부전장애는 성인은 최소 2년, 아동 및 청소년은 최소 1년 이상 우울한 날이 그렇지 않은 날보다 많고, 식욕부진 또는 과다, 불면 또는 수면과다, 기력저하 및 피로감, 자존감 저하, 집중력 감소 또는 결정장애, 절망감과 같은 증상 중 최소 2가지 이상의 증상이 나타나는 것이 특징입니다. 아동·청소년에게서는 우울한 기분이 짜증과 과민함으로 나타나기도 합니다.

주로 아동기와 청소년기부터 시작되며, 주요 우울장애에 비하여 증상의 강도가 약하기 때문에 심각성 및 치료의 필요성에 대하여 인지하기가 어렵습니다. 비관주의, 수동성, 구강기 의존적인 특징에 대해서도 성격적 특성, 삶의 일부로서 받아들이는 경우가 많습니다. 기분부전장애가 나타나면 일반인들보다 주요 우울장애를 경험할 가능성이 높습니다.

기분부전장애의 원인이 명확하게 밝혀진 것은 없으며 주요 우울장애의 원인과의 유사성에 대해서도 논란의 여지가 있습니다. 그러나 주요 우울장애와 마찬가지로 생물학적, 사회적, 심리적 요인의 상호작용이 원인이라고 알려져 있습니다. 구체적으로는 가족력, 과거력, 뇌 신경전달물질 및 부신 호르몬, 갑상샘 호르몬의 이상, REM 수면(Rapid Eye Movement, 눈알이 좌우로 격렬하게 움직이는 수면, 즉 얕은 수면) 변화, 사랑하는 사람의 사별, 재정적 어려움과 같은 주요 스트레스 사건, 다른 정신장애 및 신체적 질병, 낮은 자존감 등이 영향을 미칠 수 있습니다.

기분부전장애는 일반적인 우울증보다 증상의 강도가 약해 자기 성격의 일부라고 생각하기도 해서, 우울증으로 발전할 위험성이 큽니다. 하지만 증상의 강도가 약하다 보니 가족이나 친구, 전문의 등 주위 사람들에게 도움을 청해야 한다는 생각조차 못 할 수 있습니다.

기분부전장애를 다룬 『죽고 싶지만 떡볶이는 먹고 싶어』의 백세희 작가는 한 대학 강의에서 "저는 하고 싶은 게 없는 사람이라는 말을 자주 한다. 그래서 죽고 싶은 게 아니라 그만 살고 싶다는 말도 많이 한다."며 "그러나 저를 사랑해 주는 사람들, 그리고 강아지들과 고양이를 보면서 삶이 즐겁다는 사람들은 어떤 감정 상태로 살아가는지 생의 감각을 느끼려고 노력하며 살고 있다."고 자신의 장애 극복 노력을 전합니다.

우울한 기분이 든다면 '운동'부터

소소한 일상생활을 하다가 어느 날 기분이 계속 꿀꿀하고 잠도 잘 안 오고, 무기력해질 때가 있습니다. 심지어 '이렇게 살아서 뭐 하나?' 이런 생각까지 든다면 '우울' 상태가 아닐까 하는 의심이 듭니다.

우울장애는 마음의 감기라고 불릴 정도로 현대인의 흔한 마음의 병입니다. 우울한 상태에 빠지면 어떻게 벗어날 수 있을까요? 우울한 마음의 치료법은 감기와 비슷합니다. 병원에서 처방전을 받아 약을 지어 먹습니다. 하지만 정신과 병원을 방문하기에는 선 듯 발이 떨어지지 않습니다. 다행히 병원에 가지 않아도 약물만큼 효과가 입증된 우울증 처방이 있습니다. 무엇일까요?

바로 운동입니다. 걷기 운동, 줄넘기, 요가, 배드민턴 등 30분 이상 지속해서 숨이 차도록 한다면 어떤 운동이든 좋습니다. 과학적인 효과가 입증되었을 정도로 몸의 컨디션이 마음 건강에 미치는 영향은 큽니다. 하지만 이렇게 운동이나 다른 방법으로도 극복하기 어려운 상태의 우울장애라면 어떻게 할까요? 먼저 나의 우울 상태가 어느 정도인지 파악해 보아야 합니다. 아래의 표를 통해 자신의 우울장애 정도를 진단해 보세요.

• 우울장애 자가 진단 **함께해보기**

① 사소한 일에도 신경이 쓰이고 걱정거리가 많아진다. ( )

② 쉽게 피곤해진다. ( )

③ 의욕이 떨어지고, 만사가 귀찮아진다. (   )

④ 즐거운 일이 없고, 세상일이 재미없다. (   )

⑤ 매사 비관적으로 생각하게 되고, 절망스럽다. (   )

⑥ 스스로의 처지가 초라하게 느껴지거나, 불필요한 죄의식에 사로잡힌다. (   )

⑦ 잠을 설치고, 수면 중 자주 깨 숙면을 이루지 못한다. (   )

⑧ 입맛이 바뀌고 한 달 사이에 5% 이상 체중이 변한다. (   )

⑨ 답답하고 불안해지며, 쉽게 짜증이 난다. (   )

⑩ 거의 매일 집중력이 떨어지고 건망증이 늘어나며, 의사결정에 어려움을 느낀다. (   )

⑪ 자꾸 죽고 싶은 생각이 든다. (   )

⑫ 두통, 소화 장애, 만성통증 등 치료에 잘 반응하지 않는 신체 증상이 계속된다. (   )

· 3가지 이상: 약한 우울증 / 6가지 이상 : 심한 우울증 증상

정확한 검사를 위해서는 전문의의 상담이 필요합니다.

《출처》 삼성서울병원 정신과

우울장애가 의심될 때 대처 방법

어느 날 불현듯 보건실 문을 두드렸던 아이가 있었습니다.

학생: "선생님, 제가 처음으로 말씀드리는데요.

누구에게 말해야 할지 몰라서 선생님 찾아왔어요."

교사: "오 그래. 잘 왔어. 무슨 일일까?"

학생: "사실은요. 제가 요즘 잠을 잘 수가 없어요."

교사: "그래?" "부모님께 말씀은 드린 거야?"

학생: "아니요."

교사: "왜? 부모님께 말씀드리지 못할 다른 이유가 있니?"

학생: …….

이렇게 홀로 고민하다 찾아오는 학생들이 있습니다. 가족에게 도움받기는 곤란하고 불면과 우울 문제로 어떻게 해야 할지 몰라서 힘들어하는 아이들을 종종 만납니다. 어떤 경우에는 부모님께 병원 상담을 받고 싶다고 하면, "이 정도로 병원에 가면 모든 사람이 병원에 가야 하지 않니?"라고 냉소적으로 말하며 병원에 데려가지 않았다고 호소하는 경우도 있습니다. 결국 학교 상담실에서 상담받은 후 인근의 상담센터와 병원으로 연계하기도 했습니다. 그 학생은 병원 방문이 너무 기다려진다고 고마워했습니다.

우리 사회가 우울장애를 대수롭지 않게 그저 마음이 여리고 약해서 걸리는 꾀병(?) 정도로 인식하는 한 이 질환에 대한 이해와 치료는 요원합니다. 우울장애는 가까운 곳에 존재하며 누구나 걸릴 수 있는 병임을 인식하고 본인은 물론 주변 사람도 우울장애를 정확히 이해하는 것이 매우 중요합니다.

- 우울장애를 이기는 생활 습관

① 긍정적인 생각

② 운동하는 습관

③ 규칙적이고 균형 잡힌 식습관

④ 우울증 치료의 적인 알코올 음용 삼가

⑤ 이로움을 주는 명상과 요가, 이완 요법 활용

⑥ 낮잠은 30분 이내로, 침대는 잠자는 용도로만!

어떻게 도와 줄 수 있을까?

우울장애 증상으로 인한 환자의 변화 즉, 짜증, 무기력, 약속 지키지 않음 등을 비난하지 않고 우울증인지 의심해 보고 차분히 대화를 나누는 것이 좋습니다. 세심한 배려로 환자의 어려움을 충분히 들어주고 이해하며 공감하고 격려해 줍니다. 우울증 치료를 받도록 적극적으로 권유하고 중등도 이상의 우울증의 경우 항우울제를 복용하도록 돕습니다. 섣부른 충고보다는 경청하는 자세로 환자가 감정을 표현할 수 있도록 돕는 것이 좋습니다. 환자를 혼자 두지 않고 운동 같은 활동을 같이하면 좋지만, 너무 강요하지는 않도록 합니다. 만약 활동을 너무 강요한다면 환자는 자신이 얼마나 힘든지 모른다고 생각할 수 있습니다. 자살에 대해서 언급한다면 자세히 묻고, 자살 위험이 있는 경우 즉각적으로 치료를 받도록 도와야 합니다.

- 마음의 우울감을 예방하려면

① 부정적인 생각을 그대로 받아들이지 않습니다.

② 실행하기 어려운 목표나 과중한 책임감을 느끼지 않습니다.

③ 큰 계획은 작게 나누어 우선순위를 정하고 할 수 있는 만큼만 합니다.

④ 다른 사람과 함께 지내도록 노력하는 것이 혼자 지내는 것보다 좋습니다.

⑤ 나의 기분을 즐겁게 하는 활동에 참여합니다. 운동, 영화, 종교, 사회활동 등 어떠한 것도 좋으나 무리하거나 즉시 기분이 좋아지지 않는다고 초조해할 필요는 없습니다. 기분이 좋아지기 위해서는 시간이 필요합니다.

불안과 불안장애

✦

불안이란 스트레스가 예상되는 상황이나 주관적으로 위험하다고 느끼는 상황에서 경험하는 긴장감, 두려움 등으로 표현되는 감정입니다. 불안하고 긴장하게 되면 각성수준이 높아지게 됩니다. 각성 수준이 너무 높거나 낮을 경우는 수행 능률이 떨어지지만 적절한 긴장이 유지되면 가장 효율적인 수행을 할 수 있습니다. 이처럼 불안은 적절하게 유지될 경우 학습과 수행에 긍정적인 영향을 줍니다.

그러므로 불안은 도움이 될 수도 있고 해가 될 수도 있습니다. 불안의 지속시간, 심각성에 따라 불안이 적응적으로 작용할지 부적응적으로 작용할지 결정됩니다. 만약 심각하고 과도한 불안이 지속된다면 불안장애를 가져올 수 있습니다.

불안장애(anxiety disorder)는 만성적인 걱정과 근심, 병적인 불안과 공포 등으로 인해 일상생활에서 장애를 일으키는 정신질환을 일컫습니다. 사실 불안이라는 감정은 우리 삶에서 빼놓을 수 없는 감정 중 하나입니다. 살다 보면 누구나 어떤 상황에 맞닥뜨렸을 때 근심하거나 염려하여 불안을 느끼는 것은 당연한 현상이니까요. 그러나 그 감정이 지나치게 심하거나 오랫동안 지속된다면 일상생활에 지장을 주므로 이를 치료할 방법을 찾아야 합니다.

정상 불안과 병적 불안

정상 불안	· 대부분의 사람들이 경험하는 것으로 적응적인 반응임. · 시험 발표 전 등 스트레스나 위협, 갈등상황에서 나타나 직면한 문제를 효율적으로 잘 해결하게 함.
병적 불안	· 불안 정도가 심하여 문제해결에 지장을 주는 경우로 비적응적 반응임. · 병적 불안이 나타나는 경우는 불안 장애, 기질성 불안 장애, 불안 기분이 동반된 적응장애로 구분 되며, 신체화 장애, 조현병 우울증 등에서도 나타날 수 있음.

그렇다면 청소년들에게 많이 발생하는 불안장애는 어떤 것들이 있을까요?

여기서는 학교에서 볼 수 있는 불안장애의 종류인 분리불안장애, 강박장애, 발표불안증, 시험불안증 등에 대해 알아보겠습니다. 그리고 불안장애 중 공황장애와 외상 후 스트레스장애에 대해서는 별도로 알아보겠습니다.

다음은 학교에서 볼 수 있는 불안장애 학생의 주요 특성입니다.

· 안절부절못하고 짜증을 잘 내며 예민한 모습을 보입니다.

· 손톱 물어뜯기, 학교 거부 등의 행동을 보입니다.

· 학교 시험이나 수행 평가, 경기 등 능력과 관계한 상황에서 수행 불안이 나타납니다.

· 다른 사람들로부터 자주 확인 받음으로써 마음의 안정을 찾으려 합니다.

· 미래에 일어날 사건에 대해 비현실적이며 지나친 걱정을 합니다.

· 높은 기준을 잡고 그 기준에 미치지 못할 것을 걱정하고 자신을 비하합니다.

· 안전에 대한 과도한 관심을 가집니다.

분리불안장애

일상생활 속에서 불안감을 느끼고 힘들어하는 청소년들이 참 많습니다. 분리불안장애는 집이나 가까운 사람과 떨어질 때 지나치게 불안을 느끼는 증상입니다. 분리불안을 느끼는 사람은 애착 관계를 맺고 있는 사람을 잃게 되지 않을까 혹은 그 사람에게 어떤 불행한 일이 생기지 않을까 하는 불안한 느낌을 갖습니다. 유치원 앞에서 엄마에게서 떨어지지 않으려고 울었던 아이가 커서 학교에 다니면서도 학기가 시작할 때마다 불안해하고, 배가 아프고 머리가 아프다며 신체 증상을 호소하는 경우가 많습니다. 그리고 자신의 신변에 대한 위협감(예. 유괴)을 느끼기도 하며, 학교에 가는 것을 두려워합니다. 집이 아닌 다른 곳에 가서 잠을 자지 않거나 집에서도 혼자서 자기를 두려워합니다. 집이나 가까운 사람과 떨어질 때 두통, 구토, 복통 등 신체적인 증상이 나타납니다. 반면에 하교한 뒤나 휴일과 같이 학교에 가지 않아도 되는 날에는 증상이 나타나지 않습니다. 이러한 일은 부모와 일시적으로 헤어진 외부 사건 즉, 전학, 이사, 부부싸움, 동생출생 등이 발병 원인이 되기도 합니다.

강박장애

강박장애란, 강박 사고와 강박 행동이 나타나는 것을 의미하는데, 강박 사고는 자기 의지와 상관없이 원치 않는 특정한 생각, 이미지, 충동 등이 반복적으로 떠올라 불편해지는 것을 말합니다. 강박 행동은 강박 사고의 결과로 특정 규칙에 따라 행동하게 됩니다.

강박장애에서의 '강박'은 '억지로 누르거나, 따르게 함'을 뜻합니다. 이런 의미는 떨쳐 버릴 수 없다는 강박 행동의 속성과 일치합니다. 일반적으로 심각한 걱정으로 대변되는 강박사고(강박관념)에 의한 강력한 불안 증상이 시작됩니다. 강박 사고로 인해 생기는 불안 증상을 도저히 참을 수 없을 때 그 증상을 없애거나 중화시키기 위해 강박행동을 하게 됩니다. 예를 들면, 외출한 상태에서 대문 열쇠를 잠그지 않았다는 강박 사고가 떠오르면 불안해지고, 급히 집으로 되돌아와 대문 열쇠를 확인하는 강박행동을 하면 그 불안이 사라지는 것입니다. 이렇게 강박행위를 함으로써 사라지거나 줄어든 불안 증상은 지속해서 떠오르는 강박사고로 인해 반복됩니다.

- 아동청소년에게 흔히 나타나는 증상
  - 일반적으로 아동, 청소년들은 스스로 도움을 청하지 않으며 증상들 때문에 괴로워하는 경우가 흔하지 않음
  - 손 씻기, 확인하기, 또는 정렬하기가 흔하게 나타남
  - 집중력의 장애로 점차 학습 능력에 장애가 옴
  - 지능검사에서 낮은 수행 결과를 보이게 됨
  - 학교, 친구 또는 낯선 사람들 앞에서 보다 집에 있을 때 증상이 자주 나타남

- 강박적 사고와 강박적 행동

1) 강박적 사고

자신에게 현저한 불안과 고통을 일으키는 반복적이고 지속적인 생각들
  - 악수할 때 오염되지 않을까? 하는 오염에 대한 생각
  - 교통사고를 내서 타인을 다치게 하거나 또는 문을 잠그지 않고 그냥 나오지 않았나 하는 궁금증과 같은 반복적인 의심
  - 물건이 무질서하거나 정돈되어 있지 않을 때 받게 되는 강한 고통 때문에 특별한 순서로 물건을 정리하고 싶은 욕구
  - 아이를 해치거나 교회에서 음담패설을 늘어놓는 것과 같은 공격적이거나 두려운 충동

· 반복적인 성적인 생각

2) 강박적 행동

강박사고에 대한 반응으로 또는 엄격히 지켜야만 할 것 같다고 느껴 반
복하는 행동 또는 정신적인 활동들
· 손을 자주 씻는 것
· 과도한 정리 정돈을 하는 것
· 꼼꼼하게 계속해서 확인하는 것
· 지나치게 검토하는 것
· 계속해서 숫자를 세는 것
· 마음속으로 단어를 계속해서 반복하는 것

3) 지도 및 대처 방법은?

① 불안한 감정이 매우 힘들다는 것을 알아주고 공감해 줍니다.
② 현실적으로 상황을 인지하고 지각할 수 있도록 객관적인 사실을 알
려줍니다.
③ 마음을 안정시킬 수 있는 긴장 이완훈련 (호흡법, 명상, 요가 운동
등)을 소개해 줍니다.
④ 강박적인 행동을 반복하는 학생에게는 그 행동을 하지 않아도 아무
런 일도 일어나지 않는 것을 알려주고 안심시켜 줍니다.
⑤ 강박적인 행동이 나타나거나 생각에 관해 이야기할 때 주의 깊게 관
찰합니다.
⑥ 학생이 학교생활에서 불안으로 인해 불편감을 느낄 경우 보호자에
게 학생의 상태를 전달하고 꼭 병원 등 치료기관을 방문 할 수 있도록

안내합니다.

발표불안증

사람들 앞에서 나서는 것이 불안하고 발표나 노래, 연주할 때 유난히 떨거나 힘들어하는 아이들이 있습니다. 얼굴이 빨개지고 손이 부들부들 떨려서 준비한 것을 제대로 못 하게 되면, 수치스러움을 느끼고 그 후로는 일부러 발표 기회를 포기하고 소극적으로 생활하게 되지요. 발표 불안이 높은 아이들은 완벽주의 성향이 있어서 스스로 높은 기준을 요구하기 때문에 마음의 부담감이 큽니다.

또 주변 사람들을 경쟁상대로 인식해서, 자신을 평가하고 깎아내리는 적이라고 느낍니다. 특히 부모와의 관계에서 과도한 기대와 지적을 받은 아이들이 발표 불안을 보이기 쉬운데, 가족치료를 통해서 부모 자녀 관계를 건강하게 회복해 주면 좋습니다.

저는 학생들을 지도할 때 좀처럼 발표하기를 꺼리는 아이들을 종종 보는데, 그런 학생들을 대상으로 발표를 시키고 잘했다는 격려와 함께 칭찬을 아끼지 않습니다. 그러면 아이들은 대부분 좀 더 발표에 자신감을 갖고 스스로 발표하는 모습을 자주 보게 됩니다.

그렇다면 발표불안증을 경험하는 청소년을 어떻게 지도해야 할까요?

발표 불안이 심한 아이들은 완벽주의 성향이 있어서 스스로 높은 기준을 요구하기 때문에 부담감이 큰 것 같습니다. 또 주변 사

람들을 경쟁상대로 인식해서, 자신을 평가하고 깎아내리는 적이
라고 느낍니다. 특히, 부모의 과도한 기대와 지적을 받은 아이들
은 발표 불안을 보이기 쉬우므로, 가족 치료를 통해서 부모 자녀
관계가 건강하게 회복되면 좋아질 수 있습니다.

시험불안증

학교에서 시험 철이 되면 학생들은 복통, 두통을 호소하며 찾
아오는 학생이 많습니다. 시험을 보고 복도가 떠나가게 엉엉 우는
아이가 있는가 하면, 심하게 긴장해서 너무 쉬운 문제를 틀렸다고
안타까워하고 때로는 숨을 못 쉴 것 같은 극심한 공황발작에 시달
리기도 합니다.

시험불안증은 대개 내성적이고 자신감이 부족하며 완벽하고
강박 성향을 띄는 경우나, 시험을 보았을 때 예상되는 부모의 반
응과 불안한 미래에 대한 두려움 때문에 나타나는 것 같습니다.

시험불안증으로 나타나는 신체적 증상으로는

· 시험이나 수행해야 할 과제나 상황이 생기면 머리, 배가 자주
아픔
· 긴장되며 가슴이 답답함을 호소함
· 손에 땀이 나고 차가워짐
· 입이 마르고 목이 탐

시험불안증으로 나타나는 심리적 증상으로는

· 밤에 잠을 잘 이루지 못하고 산만해짐
· 초조하고 안절부절 못하며 신경이 예민해짐
· 사소한 일에 울거나 집중력이 떨어짐

시험불안증을 경험하고 있는 청소년은 어떻게 지도해야 할까요? 시험 전날에 극도로 불안해서 잠들지 못하기도 하고, 잘해야 한다는 압박감과 실패할지도 모른다는 부정적인 생각, 결과를 두려워하는 마음에 압도당하는 상황입니다. 시험불안증이 심한 아이들은 성공에 대해서도 불편함을 갖는 경우가 많습니다. 성공하고 싶은 마음은 많지만 성공하는 것 자체가 불편하기 때문에 무의식적으로 실패하는 행동을 하게 됩니다.

심리치료는 이런 무의식의 꼬임을 해결합니다. 또 시험에 연연해하지 않고 더 크게 인생을 바라볼 수 있는 마음 훈련, 부정적인 실패의 이미지를 성공의 이미지로 바꾸는 인지 치료 기법, 아이에게 압박감을 주는 부모와 주변 사람들의 태도를 조절해 주면 좋습니다. 시험이 다가올수록 불안감이 높아지기 때문에 잠을 잘 자지 못하고 설치는 아이들도 많습니다. 수면이 불안정해지면 몸과 마음의 상태에 악영향을 끼치기 때문에 충분히 잘 수 있도록 수면 유도제를 단기간 먹는 처방을 받는 것도 필요하다고 전문가들은 말합니다.

공황장애

"수업 시간에 발표순서가 되었어요. 갑자기 식은땀 나고 가슴이 꽉 조이는 것 같으면서 꼭 죽을 것만 같은 느낌이었어요. 어지럽고 손발이 저리고 가슴이 두근거려서 견딜 수가 없었어요. 다시 또 그런 일이 생길까 봐 불안해요. 죽을 것 같아요"

예전에 보건실에 찾아와 상담했던 한 학생의 이야기입니다. 혹시 이와 같은 경험을 한 적이 있나요? 전혀 예상치 못한 순간에 느닷없이 무섭고 고통스러운 증상들이 나타나지는 않나요? 지하철을 타거나 붐비는 백화점에 들어갈 때면 미리부터 걱정하고 두려워하게 되나요? 위와 같은 증상(강렬하고 극심한 공포)이 기습적으로 닥쳐올 때 이를 공황발작이라고 하고 공황발작이 반복적으로 일어나게 되는 경우를 '공황장애'라고 합니다.

얼마나 흔한 병일까

전체 인구의 1.5%~5%
가 일생에 한 번은 공황
장애 진단을 받는다고 합
니다. 그러니까 적게 잡
아도 우리나라에만 약 70
만 명 정도의 공황장애
환자가 있는 셈입니다.
여성이 남성보다 2~3배

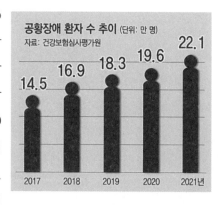

정도 발병률이 더 높으며 대개 20~30대 사이의 연령층에서 가장
흔히 발생합니다. TV를 보면 공황장애를 앓고 있다거나 알았던 경
험을 고백하는 연예인들을 자주 봅니다. 심지어 공황 증상으로 활
동을 중단한 분들도 있어 한때는 공황장애를 '연예인 병'이라고까
지 부르기도 했습니다. 공황장애로 치료받는 국민이 매년 10만 명
을 훌쩍 넘을 정도로 이제는 흔한 정신질환입니다. 이 질환은 청
소년도 피해 가지 않습니다.

또한 공황장애는 환자들에게 공포 증상을 동반하며, 일상생활
에 심각한 영향을 주기도 하며, 과도한 스트레스와 음주, 흡연, 불
규칙한 수면 등 현대인의 흔한 생활 습관도 공황장애를 증가시키
는 요인으로 작용합니다. 경험을 통해 세상을 배우는 인간은 공황
증상 등으로 고통스러운 경험을 겪게 되면 비슷한 자극에 노출되
는 것을 두려워하고, 작은 고통에도 심각하게 반응하고, 이를 유

발하는 자극도 적극적으로 피하게 됩니다.

• 공황발작 자가 진단 　함께해보기

□ 맥박이 빨라지거나 심장 박동이 심하게 느껴진다.

□ 땀이 많이 난다.

□ 떨리고 전율감이 느껴진다.

□ 숨이 가빠지거나 숨이 막힐 것 같은 느낌이 든다.

□ 질식할 것 같다.

□ 가슴이 답답하거나 통증을 느낀다.

□ 토할 것 같거나 복부 불편감이 있다.

□ 현기증을 느끼거나 머리가 띵하다.

□ 비현실감이나 내가 아닌 다른 사람이 된 것 같은 느낌이 든다.

□ 자제력을 잃게 되거나 미쳐버릴까 봐 두렵다.

□ 죽을 것 같아 두렵다.

□ 마비감이나 손발이 찌릿찌릿 느낌 등의 감각 이상이 있다.

□ 오한이 나거나 얼굴이 화끈 달아오른다.

－《출처》삼성서울병원 정신건강의학과

위 증상 중 4개 이상이 갑자기 나타났다면(보통 급작스럽게 발생하여 10분 안에 최고조에 이름) 공황발작을 경험한다고 전문가들은 말합니다. 하지만 공황발작을 경험했다고 다 공황장애로 진단받는 것은 아닙니다. 위에 열거한 예기치 않은 공황 증상이 반복되고,

이후에 또 공황발작이 나타날까 봐 지속해서 근심하며, 공황발작 또는 그 결과(자제력 상실, 심장마비, 미칠 것 같은 공포 등)에 대해 걱정하거나 공황발작에 의한 심각한 행동 변화(출근이나 외출을 못함) 중 한 가지 이상이 적어도 한 달 이상 지속되는 경우 진단이 내려집니다.

어떻게 도와줄까요?

공황 발작이 일어나면 환자를 조용한 환경에서 안정될 수 있도록 합니다. 환자는 죽을 것 같은 공포를 느낄 수 있기 때문에 환자를 혼자 두지 않도록 합니다. 환자가 '도움을 받고 있으니 안전하다.'라는 느낌이 들도록 도움을 줍니다. 그러면서 환자가 극심한 공포를 느끼고 있음에 대한 공감적인 태도를 유지합니다. 과호흡이 있을 때는 느리고 규칙적인 심호흡을 하도록 도와줍니다.

"들이쉬고... 내쉬고..." 또는 "하나... 둘... 하나... 둘..."이라고 차분하게 반복해 말해주면서 천천히 호흡할 수 있게 도와주는 것입니다. 그러면 점점 호흡과 맥박이 안정되고, 산소포화도도 안정됩니다. 잠시만 고통스럽고 곧 증상이 완화될 것임을 설명하여 환자를 안심시킵니다. 하지만 극심한 발작이 발생하여 신체 손상 가능성이 높다고 판단되는 경우 응급 이송을 고려해야 하며, 상담 기관과 연계하여 긴장을 완화하고 불안에 대처하는 방법에 도움을 받도록 안내합니다.

공황장애로 진단을 받은 경우 항우울제, 항불안제 등의 약물 요법, 이완 요법, 호흡 요법, 인지행동 치료를 받게 됩니다. 인지 행동 치료 프로그램은 공황발작에 대한 자신의 잘못된 신념이나 태도를 바꾸어 주고 두려운 상황을 회피하지 않도록 행동을 교정하기도 합니다.

공황발작의 양상이 심근경색이나 협심증 등의 심장질환과 비슷하여 혹시나 심장마비로 죽는 것이 아닌지 걱정하는 분들이 있습니다. 하지만 절대 그렇지 않습니다. 우리 몸의 자율신경 계통의 일시적인 변화가 일어나서 여러 가지 증상을 겪게 되지만 공황발작이 그치면 다시 원상태로 돌아갑니다. 공황장애는 분명 불안하고 불편한 병이지만 그 증상 때문에 목숨을 잃는 일은 일어나지 않습니다. 다만 치료하지 않으면 재발할 우려가 있으므로 무척 힘들고 불편할 수 있는 병입니다. 다행히도 적절한 치료를 했을 경우 대부분 호전될 수 있다고 합니다. 그러므로 전문가의 도움을 받아 체계적으로 치료해 두려움과 고통에서 벗어나는 것이 중요합니다. 공황장애를 적절하게 치료받게 되는 경우 보통 50~70% 이상은 어려움 없이 일상생활을 영위한다고 합니다.

심리학을 다룬 책 『당신이 옳다』(정혜신, 해냄, 2018)를 보면 우리가 아픈 이유는 내 삶이 나와 멀어질수록 위험해지기도 하고 또 아프다고 말합니다. 스스로를 먼저 돌보지 않고 다른 사람을 치유하기 위해 노력하면서 자신은 돌보지 않는다거나, 남에게 보이기 위한 삶을 살기 위해 실제로 본인이 아닌 모습을 드러내기 위해 노력한다면 그것이 곧 병이 된다고 말합니다. 또한 나답게 사는 게 어렵다는 것, 다른 사람의 시선을 지나치게 의식하는 삶을 사는 것이 위험한 삶이라는 것을 알려줍니다. 내가 원하는 것이 무엇인지를 알고 그대로 살아가는 삶이 진정한 자유이고 행복이라는 것을 강조하고 있습니다.

저 또한 이 글을 읽는 독자분도 자신을 이해하고 존중하기를 바랍니다. 자신을 이해하기 위해서는 '자아'에 대해 올바르게 이해하고, 이를 실천하는 것이 필요합니다. 그래서 자신의 행복한 삶을 위해 노력하라는 말씀을 드리고 싶습니다.

외상 후 스트레스장애

✦

외상 후 스트레스장애(PTSD, Post-traumatic Stress Disorder)란, 심각한 외상을 겪은 후에 나타나는 불안장애를 말합니다. 여기서 '외상'이란 죽음에 대한 위험이나 두려움, 공포와 같은 극심한 외상적 상황에 노출된 것을 말하는데, 흔히 전쟁이나 재난, 사고 등을 예로 들을 수 있습니다. 이러한 외상을 통해 증세가 나타나는데, 재경험, 즉 반복되는 회상, 악몽으로 나타나 일상생활이 힘들어집니다. 그러면서 외상과 관련된 것, 회피하게 되는 회피 현상 등이 나타나게 되는 것이지요. 일반적으로 반응이 둔화하는 현상이 나타납니다. 중요한 활동, 타인에게서 동떨어지는 느낌이 들고 여러 가지 감정을 느끼지 못하는 감정의 제한이 오게 됩니다. 증가한 각성 현상으로 수면 곤란, 쉽게 흥분함, 집중력 감소, 과도하게 놀람, 불안을 느끼게 됩니다.

외상 후 스트레스장애(PTSD)는 생명을 위협할 정도로 극심한 스트레스(정신적 외상)를 경험하고 나서 발생하는 심리적 반응입니다. 여기서 말하는 '정신적 외상'이란 충격적이거나 두려운 사건을 당하거나 목격하는 것을 말합니다. 이러한 외상들은 대부분 갑작스럽게 일어나며 경험하는 사람에게 심한 고통을 주고 일반적인 스트레스 대응 능력을 압도합니다.

예를 들면, 2020년도에 JTBC에서 방영했던 드라마《부부의 세계》라는 드라마가 떠오릅니다. 사랑이라 믿었던 부부의 연이 배신으로 끊어지면서 관계가 소용돌이 속으로 빠지는 스토리를 담고 있습니다.

내용 중에 가정의학과 전문의 지선우(김희애)의 '외상후 스트레스 장애' 장면이 나오는데, 주인공 지선우가 남편 이태오(박해준)의 행동에 과거 의문의 사고(부모의 교통사고)를 떠올립니다. 드라마에서 하동식(김종태 분, 지선우의 환자)이 지선우(김희애 분)를 찾아와 메모리카드에 대해 또다시 언급하며 도움의 손길을 내밉니다.

이에 지선우가 별다른 반응을 보이지 않자 하동식은 갑자기 과격한 행동을 보이며 사무실 집기를 집어 던집니다. 이에 충격을 받은 지선우는 과호흡 증상을 보이며 정신을 차리지 못하게 되지요. 시끄러운 소리에 급하게 지선우의 사무실로 뛰어 들어온 동료 김윤기(이무생 분, 신경정신과 전문의)는 지선우를 도와줍니다.

김윤기는 정신을 차린 지선우에게 "과호흡 증상이 예전에도 있었는지, 자해를 해본 적은요?"라고 물은 뒤 "혹시 과거에 치료받지 않은 외상 후 스트레스장애가 있지 않았냐" 라며 질문합니다. 이에 지선우는 과거 열일곱 살 때 부모 모두를 잃은 교통사고를 떠올립니다.

외상 후 스트레스장애 환자는 오래전 외상이 지나갔음에도 불구하고 계속해서 당시의 충격적인 기억이 떠오르고 그 외상을 떠오르게 하는 활동이나 장소를 피하게 됩니다. 또한 신경이 날카로워지거나 집중하지 못하고 수면에도 문제를 일으킵니다. 앞으로 닥칠 일에 대한 통제력을 상실하거나 상실할 것 같은 공포감을 느낄 수도 있습니다.

생명에 위협이 되는 사건을 경험한 사람은 누구나 외상 후 스트레스장애가 나타날 수 있으며, 원인이 되는 대표적인 외상성 사건은 다음과 같습니다.

· 테러나 전쟁 또는 전투에 노출된 경우 심각한 외상 후 스트레스장애가 나타날 수 있다.
· 아동기의 성적 혹은 신체적 학대를 당한 경우도 사건과 같아서 외상 후 스트레스 장애를 가져올 수 있다.
· 교통사고 등 심각한 사고나 화재, 태풍, 홍수, 쓰나미, 지진 등의 자연재해도 외상 후 스트레스장애를 불러올 수 있다. 지난 3년간 발생한 대규모 팬데믹(코로나19)도 외상 후 스트레스장애를 가져올 것이라 예상한다.

외상에 대한 다양한 반응들

외상을 겪고 나서 생존자들이 처음 느끼는 것은 살아남았다는 것에 대한 안도감을 느낍니다. 하지만, 생존자들은 이후 자신이 겪은 일에 대한 생각을 멈출 수가 없습니다. 많은 생존자가 주변의 소리나 자극에 대해 강렬하게 반응하거나 높은 각성상태로 고통을 받기도 합니다. 외상 이후 대부분은 '스트레스 반응'을 겪는데 이러한 반응은 개인의 나약함과는 관련 없습니다. 스트레스 반응은 며칠 또는 몇 주까지도 지속되지만, 대부분은 시간이 지나면서 천천히 나아집니다. 어떤 종류의 외상성 사건이라도 생존자들은 공통적인 스트레스 반응을 경험합니다. 이러한 경험은 베트남 참전군인, 아동, 재해 및 사고의 생존자 모두 해당합니다. 외상성 사건 이후 어떤 반응이 나타나는가를 이해한다면 본인이나 사랑하는 사람이 외상을 겪었을 때 도움이 될 것입니다.

외상에 대한 일반적인 반응

① 미래에 대한 희망이 없다.
② 외톨이라는 생각이 들거나 타인에 대한 관심이 없다.
③ 집중하거나 결정 내리기가 어렵다.
④ 갑작스러운 소리에 예민하거나 쉽게 놀란다
⑤ 경계하는 느낌이 들며 과민하다.
⑥ 괴로운 꿈을 꾸거나, 기억이 떠오른다.(플래시백)
⑦ 직장이나 학교생활에 곤란을 느낀다.

외상에 대한 신체 반응

① 속이 불편하고 식사를 잘 못한다.
② 잠을 잘 자지 못하고 피로감이 있다.
③ 심장이 뛰거나, 숨이 차고, 초조하다.
④ 땀이 난다.
⑤ 당시 사고를 생각하면 머리가 아프다.
⑥ 운동, 식사, 부부관계, 규칙적인 건강관리가 어렵다.
⑦ 과도한 담배, 술, 약물, 음식 섭취를 한다.
⑧ 기존의 신체질환이 악화 된다.

외상에 대한 감정적인 반응

① 과민하거나, 희망이 없다고 느끼거나, 공포, 슬픔 등을 느낀다.

② 놀란 느낌이 들고, 멍하며, 애정이나 기쁨을 느낄 수가 없다.

③ 사건과 관계있는 사람, 장소, 사물을 회피한다.

④ 예민하고, 분노를 표출한다.

⑤ 쉽게 화내거나 흥분한다.

⑥ 자신을 비난하거나, 타인과 세상에 대해 부정적인 생각을 갖는다.

⑦ 다른 사람을 믿지 못하고, 갈등이 생기며, 과도한 간섭을 한다.

⑧ 고립되어 거절당했다거나 버려졌다고 느낀다.

⑨ 친밀감을 느낄 수 없고 스스로 외톨이라고 느낀다.

회복은 항상 진행형입니다. 갑자기 모든 것이 완치된다거나, 사고를 완전히 잊게 된다는 것이 아닙니다. 대다수는 외상으로부터 자연스럽게 회복하게 됩니다. 그러나 만약에 스트레스 반응이 대인관계나, 직장, 중요한 활동 등에 큰 지장을 줄 정도로 심하다면 치료자와 상의해야 합니다. 효과적인 여러 치료 방법이 있으니까요.

외상 후 스트레스장애의 원인과 증상

외상 후 스트레스장애는 외부에서 일어난 사건, 즉 환경적 변화가 새로운 증상 및 질환을 만들어 낼 수 있다는 점에서 정신과적으로는 매우 특징적인 장애입니다. 그러나 정신적 외상을 경험하였다고 해서 모든 사람에게 같은 증상이 나타나는 것은 아닙니다. 즉, 스트레스와 취약성 간의 상관관계가 발병에 영향을 준다고 할 수 있습니다.

외상 후 스트레스장애의 발병 원인에는 여러 요소가 있습니다. 외상 사건 이전 요인, 외상 사건 자체 요인, 외상 후 요인이 모두 복합적으로 작용하여 외상 후 스트레스장애가 발현합니다. 외상과 관련하여 아래의 경우 외상 후 스트레스장애가 발병할 소지가 더 높은 것으로 알려져 있습니다.

① 외상을 직접적으로 경험하거나 목격하는 경우

② 심각하게 다친 사고일 때

③ 경험한 외상이 매우 심각하거나 기간이 매우 긴 경우, 위험에 빠져 있다고 믿는 경우

④ 가족이 위험에 빠져 있다고 믿는 경우

⑤ 외상을 경험할 때 울부짖음, 떨림, 구토가 있었거나, 고립감을 느꼈던 경우

⑥ 외상 시 무력감을 느끼거나 자신 또는 사랑하는 사람을 위해 아무것도 할 수 없었던 경우 또한, 외상을 경험한 사람이 아래와 같은 경우도 외상 후 스트레스장애의 위험성이 높아지게 된다.

⑦ 아동기에 부모가 별거하거나 이혼한 경우의 학생들에게서 많이 나타날 수 있다.

⑧ 정신질환을 가진 가족이 있는 경우

⑨ 최근 사랑하는 가족을 잃은 경우

⑩ 최근 생활에서 심한 스트레스를 일으키는 변화가 있었던 경우

⑪ 어린 나이

외상 후 스트레스장애는 아래의 증상들이 상호작용하는 것이 특징입니다. 이러한 증상은 사건 발생 1달 후 심지어는 1년 이상 지난 후에 나타날 수도 있습니다.

① 위협적이었던 사고가 반복적으로 떠오르거나 악몽, 외상을 떠올리게 하는 단서에 대한 극심한 반응
② 외상이 떠오르게 하는 것을 지속해서 회피
③ 주변이나 자신에 대한 지속적인 부정적 인식, 공포, 분노, 죄책감 등의 부정적 감정의 지속
④ 지속적인 과민상태

침습 증상: 외상적 사건을 생활 속에서 재 경험합니다.

① 사건에 대한 기억이 자꾸 떠올라 고통스럽다.
② 꿈에 사건이 나타나 고통스럽다.
③ 외상적 사건이 다시 일어나는 것처럼 행동하고 느낀다.
④ 그 사건이 회상되거나, 사건을 떠올리게 하는 단서를 접하면 심리적으로 매우 고통스럽다.
⑤ 사건이 회상되거나, 사건을 떠올리게 하는 단서를 접하면 땀이 나거나 심장이 뛰는 등의 생리적 반응을 보인다.

회피 증상: 이 증상은 불쾌한 기억과 감정을 차단하기 위해 나타납니다.

① 외상과 연관된 생각, 느낌, 대화를 피하려고 한다.
② 외상을 다시 생각나게 하는 활동, 장소, 사람들을 피하려고 한다.

인지와 기분의 부정적 변화: 자신과 타인에 대해 부정적으로 인식하고, 부정적인 감정들을 겪게 됩니다.

① 외상의 중요한 부분을 회상할 수 없다.

② 자신이나 타인, 주변에 대해 지속해서 부정적인 믿음을 갖는다.(예: 나는 나빠, 아무도 믿을 수 없어, 세상은 위험뿐이야, 나의 신경은 완전히 망가져서 회복될 수 없어 등)

③ 외상 원인이나 결과에 대해 왜곡되게 스스로 혹은 남을 비난하는 인식이 지속된다.

④ 지속적으로 공포나, 분노, 죄책감, 수치심 같은 부정적 감정 상태를 느낀다.

⑤ 중요한 활동에 대한 관심이 현저히 감소하거나, 활동에 대한 참여가 현저히 줄어든다.

⑥ 다른 사람과 거리감이 생긴다.

⑦ 행복감, 만족감, 사랑하는 느낌 등의 긍정적 감정을 느끼기 어렵다.

지나친 각성 증상: 심한 외상 이후 항상 위험에 처한 것처럼 느껴 조마조마하고 경계하게 됩니다.

① 잠이 들거나 잠을 유지하기 힘들다.

② 신경이 날카로워지고 화를 잘 낸다.

③ 집중하기가 어렵다.

④ 위험하지 않을까 지나치게 살핀다.

⑤ 아주 잘 놀란다.

외상 후 스트레스장애의 진단

외상 후 스트레스장애 진단에 있어 먼저 고려해야 할 사항은 사고 당시 다친 뇌 손상에 의해 증상이 발생할 가능성을 배제하는 것입니다. 뇌자기 공명 영상 촬영 등 뇌 손상 정도 평가에 관한 검사가 필요할 수 있습니다. 알코올 등의 물질 남용, 간질 등의 기질적 질환에 대한 감별을 위해 뇌파 검사, 심리검사 등도 필요합니다.

타 정신과 질환으로 오진되거나 동반되는 경우가 많으므로 불안장애, 우울장애, 통증장애, 그리고 물질 남용 등의 질환이 있는 환자는 외상 후 스트레스장애 존재 여부를 의심해 봐야 합니다.

· ASD: 급성스트레스장애(Acute Stress Disorder)는 1개월 내 정상회복 되는 경우를 말합니다.
· PTSD: 외상 후 스트레스장애(Post-Traumatic Stress Disorder)가 수개월 이상 지속되는 경우를 말합니다.

외상 후 스트레스장애가 의심되면 전문기관에 연계하여 빠른 치료를 받아 일상생활에 복귀할 수 있도록 돕는 것이 중요합니다.

청소년의 외상 후 스트레스 장애 지도 방법
외상 후 스트레스 장애의 유병률은 우측 도표와 같습니다.
외상 후 스트레스장애를 유발하는 외상적 사건은 충격적이거나 두려운 사건을 당하거나 목격하는 것을 말합니다. 이러한 충격적인 사건은 적지 않게 발생하는데 일생 중 남자는 60%, 여자는 50% 정도의 외상을 경험합니다.

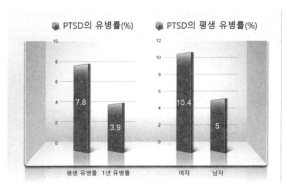

외상 후 스트레스 장애 유별률,《출처》대한불안의학회

여자는 성폭력이나 아동기 성 학대를 경험할 가능성이 더 크며, 남자는 사고, 신체 폭력, 전투, 재해를 경험할 가능성이 더 큽니다. 하지만 이러한 경험을 한 모든 사람이 외상 후 스트레스장애가 생기는 것은 아닙니다. 사건을 경험한 여자의 20%, 남자의 경우 8%가 외상 후 스트레스 장애가 발병하는 것으로 알려져 있습니다.

어떤 외상성 사건을 겪은 후 생긴 급성 스트레스 증상을 적절하게 해결하지 못한 경우, 외상 후 스트레스장애로 발전하게 됩니다. 사건의 경험을 감내하기가 어려울 때, 이를 적절하게 치료할 수 있는 전문가에게 도움을 받는 것이 중요합니다. 그렇다면 우리 주변에 이러한 고통을 겪는 사람이 있다면 우리는 어떻게 대처해야 할까요?

청소년의 심리적, 정신적 문제를 예방하고 치료하려면 불안해하는 아이의 심정을 이해하고 공감하려는 태도와 아이가 왜 그런 행동을 하는지 의미의 진원지를 알아보려는 노력이 필요합니다.

문제 해결의 실마리는 아이의 말을 경청하고 행동이나 표정을 주의 깊게 관찰하려는 일관되고 분명한 태도에서 시작됩니다.

들어 주는 것 자체가 중요

경험한 정신적 외상과 그에 대한 생각을 이해하고 들어주는 것 자체가 도움이 됩니다. 구체적으로 사건에 대한 어떤 생각이 스트레스를 유발하고 증상을 악화시키는지 이해하는 것으로 치료가 시작되고요. 외상 후 스트레스장애를 경험한 청소년은 자신과 주변 환경에 대한 자신의 어떤 생각이 자신을 불안하고 혼란스럽게 하는지 알게 됩니다. 치료자의 도움을 받아, 이러한 생각을 더 정확하고 더 편안한 생각으로 대치하는 방법을 익히게 되고 또한, 분노, 죄책감, 공포 등의 감정에 어떻게 대처하는지도 익히게 됩니다.

사고 이후 불가항력일 수밖에 없는 일들에 대해 불필요한 죄책감을 느낄 수 있습니다. 예를 들어, '집에 불이 났을 때 당시 내가 집에 있었다면 가족의 피해를 막을 수 있지 않았을까' 자책할 수 있습니다. 그 사고의 결과가 본인의 잘못이 아니었다는 것을 이해할 수 있도록 도와야 합니다.

들어주는 것만으로도 사고 기억에 대해 공포를 덜 느끼게 합니다. 이렇게 외상후 스트레스를 경험한 사건을 노출하여 외상을 떠오르게 하는 생각, 느낌, 상황에 대해 두려워하는 것을 상쇄할 수 있습니다

속담에 '자라 보고 놀란 가슴, 솥뚜껑 보고도 놀란다.'가 그 예입니다. 이러한 학습된 공포를 역으로 돌려 사고에 대해 편안한 감정을 느끼도록 학습하는 것입니다. 치료자와 사고에 대해 반복적으로 이야기를 나누면서, 사고에 대한 부정적인 느낌과 생각을 점차 조절할 수 있게 됩니다. 사고에 대해 이야기를 하는 것 자체가 힘들고 꺼려질 수 있으나 치료자의 도움을 받아 이야기하고 감정을 떠올리다 보면 점차 사고에 대한 기억에 압도당하는 고통이 줄어들게 됩니다.

먼저 고통스러운 기억과 감정 중 가장 불안을 덜 일으키는 부분부터 이야기하다가 조금씩 더 심각한 내용을 다루는 방법이 있습니다. 반대로 홍수가 날 때처럼 한꺼번에 많은 양의 자극을 직면하게 하면서 고통이 조절되는 것을 체험하게 하는 방법도 있습니다. 이러한 기법들은 대부분 고통스러운 기억이 떠오를 때 마음을 이완시키는 방법을 연습하는 이완훈련이나 분노조절법 등과 같이 시행합니다. 고통스러운 기억을 떠올리는 것이 힘들 수 있으나, 믿을 수 있고 의지할 수 있는 치료자와 안전하다고 느끼는 치료 공간에서는 이러한 작업을 더 원활하게 수행할 수 있습니다.

편하게 말할 수 있는 안전한 장소 마련
친구들은 외상을 경험한 생존자가 필요로 할 때, 이야기를 들어

185   4장 · 마음과 관련한 질환들

주고 위로해 줄 준비가 되어 있다는 것을 알게 해주어야 합니다. 생존자의 감정과 반응을 인정하고 믿어주는 것이 중요합니다. 생존자가 겪었던 일을 최소화하려고 애쓰기보다는 외상 경험이 생존자의 잘못이 아니라는 사실을 명확하게 해주어야 합니다. 자신이 살기 위해서 무엇을 했었는지 질문도 판단도 하지 않는 것이 도움이 됩니다. 친구들은 생존자가 사랑과 관심 속에 있다고 안심시켜야 합니다. 자신의 따뜻한 몸짓 하나가 생존자들에게 큰 의미가 될 수 있습니다.

초점을 다른 곳으로 돌리도록

외상 경험을 이야기하는 것으로부터 잠시 여유를 갖습니다. 생존자가 이야기하고 싶을 때는 이야기하게 하고, 말하고 싶지 않을 때는 내버려 두는 등 원하는 대로 따라갑니다. 마음을 이완시키고 즐겁고 편안한 활동을 할 시간을 남겨 놓습니다.

사회적 지지 체계를 넓힙니다

가족과 친구들은 생존자에게 용기를 북돋아 주어 다른 지지를 받을 수 있게 합니다. 이러한 지지는 또 다른 친구나, 가족 구성원, 종교단체, 지지 그룹, 자조 모임, 위기 상담소, 정신보건 전문가 등에게 받을 수 있습니다. 친구들이나 가족들도 지지받기를 원할 수 있으며 그들이 외상 반응으로부터 고통받고 있을 때 개인, 집단, 커플 및 가족 상담의 도움을 받을 수 있습니다.

조절능력을 회복하는 데 도움을 줍니다

외상으로부터 치유하는 데 시간이 필요하다는 것을 알아야 합니다. 즉, 인내가 필요합니다. 생존자의 소망을 이해하고, 그들 스스로 결정하게 함으로써 그들이 조절 능력을 회복하는 데 도움을 주어야 합니다.

교육이 필요합니다

자신이 외상과 치료 과정을 공부해야 합니다. 외상 경험의 일반적인 반응을 공부하고 강의를 듣거나 영화를 본다거나 책을 읽거나 인터넷 검색 등을 통해서 지식을 쌓아야 합니다. 다만 그렇게 얻은 지식을 전문가나 상담사와 상담하면서 확인하는 작업도 필요합니다.

생존자들도 고맙게 느낄 것입니다

생존자들은 비록 자신들이 충분히 표현하지 못할 수 있겠지만, 친구나 가족의 지지에 고마워할 것입니다. 이러한 지지는 특히 생존자가 자신이 혼자가 아니고 결국에는 친구나 사랑하는 사람과 더 가까이 있고 싶을 때 항상 자신과 함께 있다는 사실을 알게 해주는 데 도움이 됩니다.

사고 피해자와 비슷한 경험을 공유하도록

사고의 피해자들은 비슷한 경험을 가진 다른 사람과 사고의 경험에 대해 이야기하기 원합니다. 집단치료는 외상성 경험을 한 후 외상 후 스트레스장애로 고통받는 사람들과 서로 이야기를 나누는 방법입니다.

자신의 이야기를 나눔으로써 증상, 기억, 타인과의 관계 등에 어떻게 대처할지 서로 경험을 나누고 도움을 줄 수 있습니다. 집단 치료는 본인이 겪고 있는 것을 이해해 줄 수 있는 다른 사람들과 새로운 관계를 만들도록 도와줍니다. 분노, 죄의식, 부끄러움, 공포 등의 감정에 어떻게 대처할지를 배우며, 집단과 공유함으로써 자신감과 신뢰를 회복하는 데 도움을 받을 수 있습니다. 과거의 기억 때문에 압도되었던 감정 대신 현재의 삶에 대하여 관심을 기울일 수 있도록 돕습니다.

청소년 내면의 소리에 귀 기울입니다

사람의 현재 행동은 외부에서 그 사람에게 영향을 주거나 그 사람 내부에서 작용하는 현재의 모든 힘이 상호 작용한 최종결과입니다. 동일한 재난을 겪더라도 사람마다 반응이 다릅니다. 어떤 사람은 별로 큰 영향을 받지 않으나, 어떤 사람은 심한 증상을 일으키기도 합니다. 각 개인의 대처 능력의 차이는 그 사람의 인격 발달과 밀접한 관련이 있습니다. 외상적 사건으로부터 생겨난 감정적인 갈등에 대처하는 방법을 다루며, 본인의 과거가 현재 감정을 느끼는 방식에 어떻게 영향을 주는가를 이해할 수 있도록 면담을 진행합니다. 무의식적 갈등이나 성격에 의한 영향이 많은 경우

정신 역동적 접근법을 적절하게 적용하면 도움받을 수 있습니다.
막연한 위로나 비판은 자제합니다.

가족 전체가 함께 치료합니다

외상 후 스트레스는 환자 자신만이 아니라 가족 전체에게 영향을 줍니다. 가족들은 환자가 왜 분노하고 스트레스를 받는지를 충분히 이해할 수 없으며, 환자의 증상에 대해 두려워하고, 죄책감을 느끼며, 심지어는 화를 내기도 합니다.

가족 전체가 참여하는 치료가 필요합니다. 치료자는 가족이 의사소통하고, 좋은 관계를 유지하며, 서로의 감정에 더 잘 대응할 수 있도록 돕습니다. 가족치료는 문제에 초점을 맞추어 가족의 붕괴를 치료하는 체계적인 접근법이 있으며, 환자의 가족을 도와 가족이 외상후 스트레스 장애 환자를 잘 지지하도록 돕는 지지적 접근 방법이 도움을 받을 수 있습니다.

식이장애

✦

식이장애란, 문자대로 '식(食)'과 관련한 질환으로 이른바 신경성 식욕부진과 신경성 폭식증으로 나뉩니다.

신경성 식욕부진과 폭식증 같은 식이장애는 전체 환자 중 여성이 차지하는 비율이 90~95%에 이릅니다. 마치 '여성의 병'이라고 해도 과언이 아닐 것입니다. 이런 현상이 일어나는 이유는 무엇일까요? 오늘날 여성에 대한 미의 기준 중에 날씬한 몸매도 작용하기 때문이라는 생각도 듭니다. 특히 사춘기 '2차 성징기'를 맞이하는 소녀들에게는 자신이 몸이 여성으로 변화되어 가는 것에 대해 마음의 준비가 되어 있지 않은 상태에서 맞이하게 되므로 당혹하게 되는 것이 아닐까요. 그래서 자신도 모르게 성숙을 지연시키려고 식사를 거부하는 문제로 나타날 수 있다고 전문가들은 말합니다.

문제는 식이장애가 지속되면 심각한 신체적 합병증과 주요 이환율과 사망률이 연관되어 나타납니다. 식이장애와 관련된 사망률은 다른 주요 정신장애 중에서 가장 높다고 합니다. 그러므로 무엇보다 청소년기의 식이장애 문제점에 대해 알고 예방하는 것이 중요합니다.

신경성 식욕부진(거식증)이란

키 170cm 내외의 여학생이 점심시간마다 식사를 않고, 배회를 하는 걸 종종 본 적 있습니다. 대략 45kg 체중의 그 학생은 발레리나가 되려면 체중을 줄여야 한다며 좀처럼 밥을 먹지 않았습니다. 그러면서 지속적인 어지러움을 호소합니다.

신경성 식욕부진의 특징은 의도적으로 먹기를 거부하면서 체중이 많이 감소하는데, 정작 본인은 체중이 늘어나는 것에 대한 강한 공포를 느끼고, 신체상 왜곡이 두드러진 식욕부진, 정기적 폭식이나 구토하는 행동을 합니다. 즉, 구토를 유도하거나, 하제 · 이뇨제 · 관장제 오용으로 나타납니다.

신경성 식욕부진의 빈도는 청소년기 여아의 약 5%, 모든 경우의 5~10%는 남자 청소년에게서 발생합니다. 그중 10~19%의 여자 청소년이 가장 많은 발생합니다. 최근에는 십 대 여자 청소년들의 문제로 등장하고 있습니다.

정확한 원인은 알려지지 않았지만 생물학적 이론은 식욕부진인 사람은 뇌의 신경 전달 물질 수치의 감소로 고통받고 있다는 주장이 있습니다. 즉 노르에피네프린과 대사물의 수치가 낮았으나 체중이 회복되자 다시 정상적인 수치로 증가하였다는 것이지요. 하지만 이런 생화학적 변화가 장애의 원인이나 결과인지는 분명하지 않습니다. 정신역동이론에 의하면 자아 발달이 결핍된 여자 청소년이 신경성 식욕부진에 걸리기 쉽다고 말합니다.

간혹 청소년들 사이에서 다른 아이들에 비해 체중이 높거나 비만으로 인해 놀림을 받거나 은근히 따돌림을 받을 때 당사자가 이러한 스트레스로 인해 인위적으로 식욕을 억제하거나 구토를 유도하여 마른 체형을 유지하려 애쓰는 사례도 있었습니다. 이 역시 신경성 식욕부진의 원인으로 의심해 볼 만한 현상입니다.

신경성 식욕부진증 의심 증상

① 표준 체중보다 25% 이상 여위었다. 그런데도 여전히 여위고 싶다고 생각한다.

② 여위였는데도 살찌는 것이 매우 겁난다.

③ 누가 어떻게 봐도 여위였는데 스스로는 그렇게 생각하지 못한다. 여위는 것이 어쨌든 중요하다. 엄청 여위였는데도 본인은 전혀 개의치 않는다.

④ 마지막 월경에서 3개월 이상 경과(부인과 약을 써서 월경을 유발하고 있는 경우 제외)

신경성 폭식증이란

신경성 폭식증도 정신질환의 일종으로 스트레스나 불안 등으로 신경이 곤두서면 음식물을 과다 섭취하는 경향을 보이는데 기준치 이상을 섭취하는 증상입니다. 즉 심리적인 작용에 의해 폭식하는 점입니다.

신경성 식욕부진과 폭식증의 의심 증상을 살펴보면 거식과 폭식이라는 행위는 정반대이지만 근본적으로 심리는 같다는 것을 알 수 있습니다. 살찌는 것이 두렵고 어쨌든 여위고 싶다는 마음은 동일합니다. 그러므로 거식증은 다이어트라고 단순하게 이야기할 수 없고, 폭식증을 단순히 폭식이라고만 말할 수 없는 것 같습니다. 어느 한쪽의 문제가 아닌 마음과 몸의 문제로 보는 것이 맞지 않을까 생각이 듭니다.

신경성 폭식증 의심 증상

① 엄청난 양의 음식을 아주 단시간에 한꺼번에 먹어 치운다. 먹고 있을 때는 멈추려 해도 멈출 수가 없다. 그런 일이 계속된다.

② 먹은 뒤엔 체중이 늘까 봐 두려워 방금 먹은 것을 스스로 토하거나 설사제, 이뇨제, 관장 등을 이용해 배설하거나 격렬한 운동을 한다.

③ 이런 일이 적어도 3개월, 게다가 매주 2회 계속된다.

④ 살이 찌거나 체중이 늘거나 하면 자신이 어찌할 도리 없는 구제 불능한 인간으로 생각한다.

⑤ 이러한 폭식증은 거식증과 함께 나타날 뿐 아니라 따로 생기는 경우도 있다.

식이장애에서 벗어나려면

전문가의 도움을 받는 것이 가장 좋습니다. 왜냐하면 식이 습관을 조절하고 영양소를 따져서 먹는 것만으로는 그 증상을 이길 수 없기 때문입니다. 음식을 먹고 싶어서 마구 먹고 토해 내는 것만이 아니라 먹지 않고도 토해내기도 합니다. 이 현상이 갈망하는 것은 음식이 아니라 정신적이고 정서적인 부분이 작용하기 때문이라고 전문가들은 힘주어 말합니다.

정신적 혹은 정서적으로 뭔가가 채워지지 않기 때문에 먹거나 먹지 않는 방법으로 욕구를 채우려 하는 게 아닐까요?

따라서 식이장애를 이기려면 자신이 아닌 다른 사람이 되려는 것을 그만두고 진정한 자기 모습을 찾는 것이 중요합니다. 전문가의 도움을 받거나, 비슷한 증상을 겪고 있는 또래들과 만나서 이야기하다 보면 어떤 이유로 식이장애가 생겼는지 이해하고 증상을 극복할 실마리를 찾을 수 있을 것입니다.

주의력결핍 과잉행동장애(ADHD)

✦

주의력결핍 과잉행동장애(Attention Deficit/Hyperactivity Disorder, ADHD)는 주의력결핍, 과잉행동, 충동성을 나타내는 신경 발달 장애로 아동기에 발병하고 가정, 학교 사회 등 여러 영역에 영향을 초래할 수 있습니다. 동반 질환으로 품행장애, 반항장애, 우울증, 틱장애(뚜렛), 불안장애, 학업 부진, 학습장애 등이 있습니다. 아동 청소년기에 나타나는 가장 흔한 신경 행동장애이자 학령기 아동기에 많은 만성적 건강 상태로 나타납니다.

ADHD 발생 원인

ADHD는 뇌 안에서 주의집중 능력을 조절하는 신경전달 물질(도파민, 노르에피네프린 등)이 불균형하여 발생합니다. 주의 집중력과 행동을 통제하는 뇌 부위의 구조 및 기능 변화가 ADHD의 발생과 관련이 있습니다. 기타 원인으로는 뇌 손상, 뇌의 후천적 질병, 미숙아 등이 있습니다.

소아 ADHD의 유병률은 일반 인구의 6~9%입니다. 이 중 60~80%는 청소년기까지 계속됩니다. 50%, 즉 소아 ADHD 환자 2명 중 1명은 성인이 되어도 ADHD의 주요 증세나 전체 진단 기준을 충족시키는 증세를 유지합니다.

-《출처》서울아산병원 질환 백과 인용

ADHD의 3가지 유형

주의력결핍 과잉행동장애는 억제가 안 되어 자기조절 행동을 배우는 과정이 방해되는 모습으로 나타납니다. 내적 자기 통제력의 결핍은 전형적으로 학교 문제, 학업 성취감 저하, 자존감 저하, 가족과 사회적 대인관계의 어려움으로 드러내기도 합니다. ADHD는 성인기까지 지속되는 만성적인 장애로 간주하며 이에는 3가지 유형이 있습니다.

첫째, 주의력 부족으로 알려진 부주의한 행동 유형: 이 유형의 아동은 과잉행동은 하지 않습니다. 증상은 교실이나 다른 활동이 돌발적이지 않기 때문에 주목받지 않을 수도 있습니다. ADHD를 가진 아동의 약 30~40%가 이 유형에 해당하고, 일반적으로 여자 아동이 많은 것으로 나타납니다. 예를 들면, 수업 시간에 멍하니 앉아 있고, 쉬는 시간에도 친구들과 놀기보다 혼자 도서관에 가거나 학교 운동장에 나가 개미를 보러 다니느라 수업에 늦는 일도 많고, 학용품을 잘 챙기지 못해서 자주 잃어버리고 알림장 등 준비 사항을 챙기지 못하는 아이들이 그런 경우가 많습니다.

둘째, 과잉행동-충동적 행동 유형: ADHD를 가진 아동의 약 10%를 차지하며, 과잉행동과 충동적 행동을 인해 주목받는 경우가 많습니다. 한 남학생 아이가 수업 시간에 가만히 있지를 못합니다. 자신이 궁금한 것이 있으면 교탁까지 나오고, 화가 나거나 자신이 원하는 대로 되지 않으면 교실 바닥에 누워 소리 지르는 등의 행동을 보입니다. 이런 학생의 유형이 과잉행동-충동적 행동 유형의 예라고 볼 수 있습니다.

셋째, 주의력결핍 및 과잉행동장애 복합 유형: 주의력결핍 및 과잉행동장애가 복합된 유형을 말합니다.

ADHD 진단 방법

주의력결핍 과잉행동장애의 진단은 아래 ① 또는 ②번 중 한 가지일 때 가능하다.

① '부주의'에 관한 다음 증상 가운데 6가지 이상의 증상이 6개월 동안 부적응적이고 발달 수준에 맞지 않는 정도로 지속된다.

· 흔히 세부적인 면에 대해 면밀한 주의를 기울이지 못하거나, 학업, 작업, 또는 다른 활동에서 부주의한 실수를 저지른다.
· 흔히 일을 하거나 놀이할 때 지속해서 주의를 집중할 수 없다.
· 흔히 다른 사람이 직접 말할 때 경청하지 않는 것으로 보인다.

· 흔히 지시를 완수하지 못하고, 학업, 잡일, 작업장에서의 임무를 수행하지 못한다. (반항적 행동이나 지시를 이해하지 못해서가 아님)

· 흔히 과업과 활동을 체계화하지 못한다.

· 흔히 지속적인 정신적 노력을 요구하는 과업(학업 또는 숙제 등)에 참여하기를 피하고, 싫어하고, 저항한다.

· 흔히 활동하거나 숙제하는 데 필요한 물건들(예: 장난감, 학습 과제, 연필, 책 또는 도구)을 잃어버린다.

· 흔히 외부의 자극에 의해 쉽게 산만해진다.

· 흔히 일상적인 활동을 잊어버린다.

② '과잉행동-충동'에 관한 다음 증상 가운데 6가지 이상의 증상이 6개월 동안 부적응적이고 발달 수준에 맞지 않을 정도로 지속된다.

· 과잉행동 증상

· 흔히 손발을 가만히 두지 못하거나 의자에 앉아서도 몸을 꼼지락거린다.

· 흔히 앉아 있도록 요구되는 교실이나 다른 상황에서 자리를 떠난다.

· 흔히 부적절한 상황에서 지나치게 뛰어다니거나 기어오른다.(청소년 또는 성인인 경우에는 주관적인 좌불안석으로 제한될 수 있다)

· 흔히 조용히 여가 활동에 참여하거나 놀지 못한다.

· 흔히 "끊임없이 활동하거나" 마치 "자동차 (무엇인가)에 쫓기는 것"처럼 행동한다.

· 흔히 지나치게 수다스럽게 말을 한다.

· 충동성 증상
· 흔히 질문이 채 끝나기 전에 성급하게 대답한다.
· 흔히 차례를 기다리지 못한다.
· 흔히 다른 사람의 활동을 방해하고 간섭한다(예: 대화나 게임에 참견한다).

또한 주의력결핍 과잉행동 장애는 다음과 같이 분류할 수 있다.
· 주의력 결핍 우세 형: 지난 6개월 동안 진단 기준
 A. ①은 충족시키지만 A. ②는 충족시키지 않는다.
· 과잉행동-충동 우세형: 지난 6개월 동안 진단 기준
 A. ②는 충족시키지만 A. ①은 충족시키지 않는다.
· 복합형: 지난 6개월 동안 진단 기준 A. ①과 A.② 모두를 충족시킨다.

-《출처》서울대학교 병원 정신건강의학과

최근 서울대병원에서 ADHD 진단 방법으로 MRI 영상 등을 이용한 ADHD 구분하는 알고리즘을 개발했습니다. 연구팀이 개발한 프로그램은 47명의 ADHD, 47명의 정상군의 FMRI, DTI 등 다양한 뇌 영상에서 방대한 데이터를 확보했습니다. 이후 축적된 데이터를 기계학습에 해당 뇌가 ADHD 환자의 뇌인지 정상인의 뇌인지 구별해 내는 것인데, 프로그램의 주된 목적은 뇌의 몇몇 주요 부위에 발생한 손상이었습니다. ADHD 환자의 뇌는 중요 자극을 선별하는 네트워크와 반응억제를 담당하는 전전두엽에 구조적인 결함이 뚜렷이 존재했습니다. ADHD에서 흔히 관찰되는 부주의, 과잉행동-충동성 증상 또한 위의 구조적 뇌 네트워크 결함

으로 설명할 수 있는 것으로 밝혀진 것입니다. 김붕년 교수는 "이번 연구에서 뇌 영상 빅데이터를 활용해 정상적으로 발달하는 아이와 ADHD 환아를 구분할 수 있게 됐다."고 말했습니다. 그러면서 "다양한 뇌 구조의 영상은 향후 ADHD 행동의 원인을 완벽히 설명할 수 있는 근거가 마련되었다."고 했습니다.

이로써 의사 · 보호자의 주관적 판단이 아닌 객관적으로 진단할 수 있는 길이 열리게 된 것은 매우 고무적인 일입니다.

ADHD를 앓는 학생에 대한 지도는 어떻게 하면 좋을까?

① ADHD 학생이 못하는 것을 정확히 이해하고, 칭찬받고 싶지만 어쩔 수 없이 한 행동임을 이해합니다(ADHD 학생은 안 하는 것이 아니라 못하는 것이며 안 되는 것).

② 꾸지람보다는 잘하고 있을 때 관심을 주고 칭찬할 거리를 만들어 칭찬해 줍니다.

③ 학교에서는 마주 보는 원형보다 직선형으로 자리를 배치하고, 선생님과 가까운 앞자리, 창가나 문 옆으로부터 먼 자리, 차분한 학생 자리에 가깝게 앉히도록 합니다.

④ 학습할 때 하기 싫고 어려운 것을 먼저하고, 재미있고 쉬운 것을 나중에 하게 합니다. 과제 부여 시에도 과제물을 몇 가지 제시하고 그중 선택하도록 합니다.

⑤ 심리적 문제가 아닌 뇌 발달의 불균형으로 인한 신경 발달 장애이므로 체계적인 치료가 필요합니다.

그밖의 장애들

✦

틱장애

학교에 좀처럼 쉬지 않고 기침하는 학생이 있었습니다. 교실 안이나 사람이 많은 곳에 들어가면 의도하지 않게 나오는 기침으로 얼굴색이 파랗게 질리곤 했습니다. 그리고 혼자 있거나 마음이 안정되면 잠시 멈추었습니다. 그 학생은 다양한 전문가들을 만난 끝에 틱장애라는 진단을 받았습니다. 다행히도 학년이 바뀌고 친구들과 교실 환경이 바뀌면서 틱 증상은 개선되었고 점점 사라져 큰 어려움 없이 상급 학교에 진학했던 기억이 있습니다.

틱장애의 특징과 예방

내 생각이나 의도와 관계없이 신체의 일부 근육 특히 얼굴, 어깨 등이 빠르게 반복적으로 뒤틀리는 습관성 경련을 말합니다.

보통 학령기에 시작되어 몇 달 내에 사라지는데 아동의 10~35% 중에 틱장애가 발생하며 남아가 3배 이상 더 많다는 통계가 있습니다.

틱은 운동성 틱과 음성적 틱으로 구분하는데, 운동성 틱은 눈 깜박거림, 얼굴 찡그리기, 머리 흔들기, 어깨의 으쓱거림 등의 형태로 나타납니다. 음성적 틱은 헛기침을 계속하거나 그르렁 소리나 딸각 소리, 침이나 가래 뱉기 등을 보이곤 하는데 때에 따라 전혀 상황에 맞지 않는 소리나 말하기도 합니다.

대부분의 틱장애는 스트레스가 극심한 상태에서 일시적으로 나타납니다. 유치원이나 학교생활 등 새로운 집단생활에 대한 적응으로 긴장감이 고조되는 시기인 4~5세, 7~9세에 주로 나타나며 학교의 과제나 시험으로 가족 간 갈등이 심할 때 더 악화하는 걸 볼 수 있습니다. 그중에 일시적인 틱이 아닌 일 년 이상 지속되는 틱 증상을 만성적 뚜렛 증후군(Tourtte syn-drome)이라고 하는데, 스트레스나 흥분 시 더욱 악화하는 경향을 보입니다.

아직 발전 기전에 대해서는 명확하게 밝혀지지 않았지만 신경전달물질의 이상이나 뇌 회로 조절 이상, 유전적 관련성이 제기되고 있으며 50%에서 주의력결핍 및 과잉행동장애, 학습장애 등의 다른 장애를 동반합니다.

틱의 대부분은 학령기 후기나 청소년기에는 사라지므로 사회생활에 지장을 초래하지 않습니다. 뚜렛 증후군의 경우 학교생활에 방해되면 약물치료를 통해 치료할 수 있으며, 놀이치료와 약물치료를 병행하면 효과를 볼 수 있습니다. 뚜렛 증후군은 정신과적 상태가 아니고 신경증이지만 스트레스 증상을 더욱 악화시키므로 정신적 요인을 확인하는 것이 예방에 도움이 됩니다.

  틱장애 청소년을 둔 부모나 양육자는 아동이 틱 증상을 보인 날짜, 시간, 틱이 일어나기 전 무슨 일이 있었는지 등을 기록하는 것은 매우 중요합니다. 특히 성적, 학원 문제, 복장, 방 청소, 대화, 식탁 예절, 친구 관계 등에 대해 부모의 말투와 소통 방식이 형제나 또래 친구를 비교하면서 부족함을 들출 때 틱 증상은 더 심해지기도 합니다. 하루의 일과 활동을 줄여 주어 피곤하지 않도록 배려해 주고 아이에게 칭찬을 통해 편안하고 즐겁게 지내도록 환경을 만들어 주는 것이 치료에 유리합니다. 특히 주변의 청소년이 틱 증상을 보일 경우 모르는 체하거나 티를 내며 언급하지 않는 것이 좋습니다.

  틱장애 지도와 대처 방법은?

  ① 일상생활인 것처럼 증상을 인정하고 알아차리지 않는 것처럼 하여 학생에게 안정감을 준다.
  ② 틱 증상은 의지로 참을 수 없는 움직임이므로 학생을 체벌하고 야단치거나 참으라고 하지 않는다.
  ③ 학생 스스로 자신의 증상들을 너무 인식하고 스트레스를 받으면 심리적인 안정을 찾을 수 있도록 배려한다.

④ 학습과 관련된 틱 증상이 있다면 주어진 과제 량이나 시간을 조절한다.

⑤ 자신의 감정과 증상을 자유롭게 발산할 방법과 기회를 제공한다.

⑥ 학급 친구들에게 이상한 행동으로 받아들이지 말고 비난이나 놀리기, 지적하기 등을 하지 않도록 당부한다.

⑦ 틱 증상으로 인해 가정 및 학교생활에 상당한 부적응이 발생할 경우 전문기관 방문을 권한다.

품행장애

청소년 우울과 성인의 우울은 표현 방식에 다소 차이가 있습니다. 청소년은 일반적으로 성인과 달리 자신의 감정 상태를 '우울'이라고 말하지 않고 '짜증'이나 '귀찮음' 등으로 표현하는 것을 자주 봐왔습니다. 가령, 스마트폰이나 인터넷 게임 등 자신이 몰입하는 것 외의 다른 것들에 대해 집중하지 않거나 등교를 거부하는 행동을 통해 간접적으로 자신의 감정을 드러내기도 합니다.

이 때문에 가정이나 학교에서는 청소년의 이런 표현이나 행동을 '병'으로 보지 않고, '반항'이나 '잘못된 태도' 정도로 인식하곤 합니다. 또 '시간이 지나면 다 해결될 것이다.'라는 대응으로 가벼운 우울증을 방치함으로 인해 더 큰 문제와 상처를 남기기도 합니다.

품행장애의 특징

품행장애는 아동 또는 청소년기에 나타나는 일종의 행동과 정서장애로 다른 사람의 기본권을 함부로 침해하거나 사회규범을 해치는 행동을 지속해서 나타내는 특징이 있습니다. 이와 같은 행동은 반사회적으로 행위(절도, 폭력, 사기, 재물 손괴 등)가 포함되기도 합니다.

또한 품행장애를 보이는 청소년은 타인에 대한 공감력 부족과 함께 다른 사람의 감정 등은 고려하지 않고 약물을 남용하거나 무모하고 위험한 행동도 서슴지 않기 때문에 사회적으로나 학교생활, 가정생활에 심각한 장애를 일으킬 수 있습니다.

반항적인 행동을 하고 우울한 정서를 가진 아이들은 대개 짜증이 많고 신경질적이며 예민한 경향이 있습니다. 잠을 제대로 못 자고, 가족과의 대화도 기피합니다. 아예 아무 일도 하지 않은 채 게임이나 유튜브에만 몰두하기도 하며, 말초적인 성취감을 느끼는 방법으로 우울감을 해소하려 합니다. 밥맛이 없거나 두통 혹은 복통을 호소하기도 하며 심지어 스스로를 해치는 위험한 행동을 합니다. 평소 말을 잘 하지 않기 때문에 이처럼 심각한 상황에 직면해서야 아이의 우울증을 알게 되는 부모도 적지 않습니다.

반항적인 아이들은 자기 부모의 양육 태도에 대한 부정적인 인식을 가지고 있으며, 부모 중 특히 어머니의 양육 태도가 나쁘면 반항적 행동을 나타내는 아이들은 우울, 불안이 더욱 증가하고 더 심각한 품행장애까지 보입니다. 따라서 평소 아이의 행동에 관심을 기울이는 것이 중요하며 주의산만, 인터넷 중독, 반항, 음주 및 흡연 등 비행의 형태로 변형되기도 하므로 세심한 관찰이 필요합니다.

품행장애 진단 기준

품행장애에 관한 진단은 주로 면담이나 설문지 등의 평가를 통해 정신과 전문가가 내리며 치료는 개인의 약물과 상담은 물론 그 가족까지 포함할 수 있습니다.

사람과 동물에 대한 공격성	· 다른 사람을 괴롭히거나, 위협하거나 협박한다. · 육체적인 싸움을 한다. · 다른 사람에게 심각한 손상을 일으킬 수 있는 무기를 사용한 (예: 곤봉, 벽돌, 깨진 병, 칼 또는 총) 경우 · 사람과 동물에게 신체적으로 잔혹한 행동을 한다. · 피해자와 대면한 상태에서 도둑질을 한다(예: 노상강도, 날치기, 강탈, 무장 강도). · 다른 사람에게 성적 행위를 강요한다.
재산의 파괴	· 심각한 손상을 일으키려는 의도로 불을 지른다. · 다른 사람의 재산 (집, 건물, 차 등)을 일부러 파괴한다.
사기 또는 도둑질	· 물건이나 호감을 얻기 위해, 또는 의무를 피하기 위해 거짓말을 흔히 한다(예: 다른 사람을 속인다). · 피해자와 대면하지 않은 상황에서 귀중품을 훔친다(예: 파괴와 침입이 없는 도둑질, 문서위조).
심각한 규칙 위반	· 13세 이전부터 부모의 금지에도 불구하고 외박을 자주 한다. · 친부모 또는 양부모와 같이 사는 동안 적어도 2번 가출 한다(또는 오랫동안 돌아오지 않는 1번의 가출). · 13세 이전부터 무단 석을 자주 한다.

품행장애 지도와 대처 방법은?

1) 학생을 바라보는 기본 마음가짐 태도

① 도움이 필요한 상처 받은 아동 청소년이다

② 언젠가는 나아질 것이라는 긍정적인 시각을 갖는다.

③ 칭찬과 관심을 자주 보여 준다.

④ 공격적인 행동에 단호한 목소리와 태도를 보인다.

2) 학급 회의를 통해 공격적인 행동과 관련된 학급 규칙 정하기

3) 근접 조절

① 가벼운 문제 행동을 하는 학생에겐 다른 학생이 듣지 못할 작은 목소리로 주의를 주어 학생의 자존감을 손상하지 않으면서 정상적인 행동으로 돌려놓을 수 있다.

② 조용히 그러나 단호한 표정으로 제지하는 것만으로도 학생이 과제에서 이탈하는 것을 중단시킬 수 있다.

【반항적인 청소년기 자녀를 둔 부모를 위한 7가지 팁】

1. 한계를 정한다.
가족 안에서 함께 사는 일은 존중되어야 할 규칙이 필요하다. 또한 아이가 이런 규칙을 안 지킬 경우 생기는 결과에 대해서 알려주어야 한다.

2. 시간과 에너지를 투자하여 아이를 어떻게 더 잘 키울 수 있는지 고민한다. 그러면 문제의 상황을 해결할 가능성이 훨씬 커진다.

3. 결정을 내리는데 확고해야 하고, 말하는 것을 실천하도록 명심한다. 선례를 보이고 아이가 따를 기회를 주어야 한다.

4. 비교를 피한다.
언니, 오빠, 형, 동생 또는 친구와 계속 비교하는 것은 아이의 자아 이미

지를 손상시키고, 그 때문에 반항적으로 된다.

5. 불필요한 압박을 피한다.
10대는 자신만의 목표가 있어야 한다. 어른은 아이의 선택에 동행할 수는 있지만, 우리가 어렸을 때 이루지 못한 목표를 이루도록 아이에게 압력을 넣어서는 안 된다.

6. 아이가 완벽하지 않다는 것을 받아들인다.
아이가 무언가를 잘못하면, 아이는 그 결과를 받아들여야 한다. 비록, 그게 아프고 아이를 보호해 주고 싶은 의무감이 들긴 하더라도 말이다.

7. 아이에게 정직해야 한다.

《출처》『품행 장애 청소년에서의 우울, 불안, 증상과 부모 양육 특성』 소아·청소년 정신의학 제8권(아동·청소년 심리치료), John R. Weisz, 시그마프레스 인용

도벽

한때 화제를 모았던 영국 드라마《닥터포스터》원작의 JTBC 드라마《부부의 세계》장면의 에피소드 중에 중학교 2학년 아들(준영)을 눈여겨보았던 적이 있습니다. 아마도 제가 상담하는 학생들이 주로 중학교 2학년생이었기 때문인 것 같습니다.

준영은 평범한 가족의 삶 속에서는 여린 감정을 가진 다정다감한 아들이었습니다. 일로 바쁜 엄마는 다소 엄했고, 보다 시간이 여유로웠던 아빠와는 좀 친밀한 어린 시절을 보냅니다. 준영의 눈에는 엄마는 멋진 사람인 데 비해 아빠 태오는 다소 빈틈이 많고 허술하게 보입니다. 집안의 중심이 엄마에게 있는 것을 보면서 어린 준영은 아빠에게 연민을 느끼지만 그래도 준영은 평범한 모습으로 성장해 갑니다. 하지만 어느 날 그는 물건을 훔치는 일을 합니다. 불행하게도 부모의 이혼과 그의 사춘기가 맞물려 버린 시기에 아버지의 외도와 폭력이 상처로 다가왔던 모양입니다. 가족을 배신한 아빠 대신 엄마를 선택했지만 내면은 상처로 가득 차 있었습니다.

병적도벽의 원인과 증상

병적 도벽은 개인적으로 쓸모가 없거나 금전적으로 가치가 없는 물건을 훔치려는 충동을 저지하는 데 반복적으로 실패하며, 훔치기 직전에 고조되는 긴장감과 훔쳤을 때의 기쁨, 충족감, 안도감을 주요한 특징으로 하는 질환입니다. 물건이 목적이 아니라 훔치는 행동이 목적입니다.

병적 도벽의 원인은 이별, 헤어짐 등 중요한 관계의 종결 등과 같은 스트레스가 있는 시기에 증상이 나타나곤 합니다. 드라마 속 아들의 마음 문제는 부모의 이혼과 불화로 인해 도벽 현상으로 드러나고 있는 것이었지요. 정신분석적 측면에서는 공격적 충동의 발현이나 잃어버린 관계의 회복을 위한 행동 등 다양한 해석이 존재합니다.

병적 도벽의 증상은 불필요한 물건을 훔치려는 저항할 수 없는 충동이나 욕구가 반복적으로 일어나는 것이 핵심 증상입니다. 도벽을 행할 때 체포와 연관되어 스트레스를 받는 경우가 있고 우울증이나 불안 증상으로 나타나기도 합니다. 자기 행동에 죄책감을 느끼고 수치스럽게 여기니까요. 대인관계에 심각한 문제를 보이는 경우가 흔하고 성격 문제를 보이는 경우도 흔합니다. 한 연구에 따르면 도벽의 횟수는 월 1회 이하에서 120회에 이를 정도로 다양합니다. 대부분의 도벽 환자는 상점에서 물건을 훔치나 집안 식구의 물건을 훔치기도 합니다.

도벽의 진단검사

미국 정신의학회의 정신장애 진단 통계편람의 진단 기준에 따르면 다음 기준들을 모두 만족할 때 병적 도벽으로 진단합니다.

① 개인적으로 쓸모가 없거나 금전적으로 가치 없는 물건을 훔치려는 충동을 저지하는 데 반복적으로 실패한다.

② 훔치기 직전에 고조되는 긴장감이 나타난다.

③ 훔쳤을 때의 기쁨, 충족감, 안도감이 있다.

④ 훔치는 것이 분노나 복수를 나타내는 것이 아니고, 망상이나 환각에 대한 반응도 아니다.

⑤ 훔치는 것이 품행장애, 조증삽화(몹시 흥분한 감정 상태가 1주일 이상 지속되는 증상)또는 반사회성 성격장애로 더 잘 설명되지 않는다.

정신과적 상담과 검사를 통해 꾀병, 성격장애, 조증삽화, 조현병(정신분열증), 그리고 인지장애 등의 기타 질환과의 감별이 필요합니다.

도벽의 치료와 예방은?

정신 치료적 요법이 효과가 있는 것으로 되어 있는데 환자의 동기 정도에 치료 성과가 비례합니다. 행동치료도 도움이 된다는 보고가 있는데 특히 치료에 대한 동기가 부족한 경우 고려해 볼 수 있습니다. 약물 요법이 일부 환자에게서는 효과를 보입니다. 또한 경과와 합병증으로 일반적으로 청소년기 후반에 시작되는데 병의 경과는 악화와 호전을 반복하지만 만성적인 경향을 가집니다. 치료 효과는 좋을 수 있으나 자발적으로 치료적 도움을 구하는 경우는 거의 없습니다.

특별한 예방법은 밝혀져 있지 않으며, 스트레스를 관리하는 것이 도움이 될 수 있습니다.

특별한 식이요법 및 생활 가이드에 대한 연구는 없으며 연구자들은 기분장애, 반사회적 성격장애, 품행장애, 술, 약물 중독과도 연관이 있다고 말합니다.

자해

최근에 자주 만나게 되는 학생 중 하나가 손목이나 팔 등에 칼자국(소위 칼빵) 흉터를 낸 학생이었습니다. 뭔가 자기 뜻대로 되지 않고, 원치 않는 삶을 사는 자신에게 처벌하는 의미로 자해하기도 하고, 그런 삶을 살아야 하는 것이 고통스러워 자해하기도 합니다만 또래 친구들이나 타인에게 두려움을 주거나 자기과시형 또는 자신에게 관심을 가져달라는 외침일 수도 있습니다. 이러한 행동에는 자신의 심리적 고통의 표식과 자신이 힘든 상황이라는 것을 객관적으로 증명하려는 심리가 깔려있을 거로 생각합니다.

자해(self-harm)는 자기 신체에 의식적·의도적으로 해를 입히는 행위를 말합니다. 자해 행동이란 머리 돌리기, 머리 박기, 심한 상처 내기나 물기, 뜯기와 같은 행동들을 포함하며 직접적 자해와 알코올, 약물의 사용, 이식증(음식이 아닌 것을 규칙적으로 먹는 것을 특징으로 하는 섭식장애) 등의 간접적 상해로 나눌 수 있습니다.

청소년의 반복적 자해 행동의 의미

자해하는 이유는 정신적으로 힘든 처지에 몰렸을 때, 자해하면 마음이 조금이나마 편해진다고 합니다. 이를 '해리(解離)현상'이라고 하는데, 너무 괴로운 나머지 자해하면 의식이 흐려지고 극도로 긴장했던 마음이 조금 풀어지는 듯한 느낌이라 할까요?

정반대인 경우도 있습니다. 너무나 괴로울 때 '해리현상'이 일어나서 자신이 살아 있는지 죽어 있는지조차 모르는 이상한 정신

상태에 놓입니다. 이때 통증을 못 느끼거나 붉은 피를 봄으로써 살아 있음을 확인하고 안심하는 경우입니다. 또 어떤 경우는 심한 충격을 받아 '나는 구제 불능자'라는 마음이 강할수록 어떻게든 상처 입히지 않고는 견디지 못하는 청소년들이 있습니다.

경험	·감추고 싶은 마음 ·충동적으로 그냥 ·강한 중독성
의미	·스스로 고통을 처리 ·화를 진정시킴 ·상처를 통한 자기 위로 ·확실한 감정 전달 ·대리적 고통

자해 행동의 원인

자해 행동의 원인을 이해하기 위한 가설로 생리적 가설을 언급할 때 가장 많이 사용하는 예는 레이 니한(Lesch-hryhan)증후군으로서, 성염색체 이상으로 인한 지적 장애가 주된 증상이며, 혀나 입술, 손가락 등을 물어뜯는 자해 행동을 동반합니다. 이와 관련하여 세로토닌이나 도파민과 같은 신경전달물질이 연관되어 있다는 주장이 제기되었습니다. 또한 일각에서는 자해 행동이 엔도르핀을 생성하는 베타 엔도르핀을 증가시켜 어떠한 고통도 느끼지 않으며 쾌락 상태에 빠지게 하여 자해 행동을 지속한다고 봅니다.

정신역동 가설*에서는 좌절과 분노를 해소하고 자기 신체 및 자아에 대한 확인, 죄의식을 줄이기 위한 수단으로서 자해 행동이 사용됩니다. 학습된 행동 가설에서는 우연히 일어난 자해 행동을 통해 관심을 받는 것과 같은 정적 강화 또는 하기 싫은 일을 하지 않아도 되는 부적 강화 등을 통해 자해 행동이 유지, 학습된다고 봅니다.

자해 행동의 원인으로 가족 요인과 개인 요인으로 나눌 수 있는데, 가족 요인으로 가족 결손 또는 상실, 가족 불화, 가족 간의 의사소통 및 지지 부족, 가정폭력 또는 학대, 경제적 빈곤 등입니다. 개인 요인으로는 자신에 대한 부정적 평가와 낮은 자존감, 비현실적인 높은 기대와 낮은 성취감, 과거 자살 시도 경험, 충동적, 공격적 성향을 보인 경우와 술 담배, 약물남용, 스트레스 대처법 부족, 인터넷 게임 중독, 성적 정체감 문제, 우울증 등 정신과적 문제, 최근 심한 스트레스 사건이 있었던 경우 등으로 나타나고 있습니다.

【부적 강화 VS 정적 강화】
부적 강화와 정적 강화는 모두 행동의 발생빈도를 증가시킨다는 점에서 동일하다. 다른 점은 정적 강화는 바람직한 행동을 함으로써 원하는 것(예: 휴식, 칭찬, 음식, 돈 등)을 얻게 되는 것이고, 부적 강화는 바람직한 행동을 함으로써 원하지 않는 것(예: 꾸지

---

* 정신역동 이론은 인간의 발달과정 중 특히 성격발달을 설명하며 인간이 왜 이렇게 행동하고 생각하는지에 대해 설명한다. 프로이트의 정신역동이론은 인간의 마음을 자의식, 전의식, 무의식으로 나눈다.

람, 화장실 청소 등)을 피할 수 있다는 점이다. -《출처》특수교육학 용어 사전

자해 행동이 청소년에게 미치는 영향

자해 행동은 청소년 발달기에 많은 영향을 미칩니다. 자해는 정서적 괴로움을 줄이는 효과는 일시적이고, 장기적으로는 죄책감과 수치심 및 더 복잡한 감정 상태를 유발할 수 있습니다. 대인관계에서도 초기에는 또래의 지지를 받을 수 있으나, 점차 부정적인 평판을 받을 가능성이 커지며, 신체 감염 및 흉터로 건강에 문제가 될 수 있는 등 여러 측면에서 부정적으로 작용합니다.

청소년 시기는 감정처리에 관여하는 변연계가 활성화되어 있지만, 통제력과 관련된 전전두엽 발달은 늦게 성숙하므로 감정 조절에 특히 취약한 특성을 나타냅니다. 청소년은 스트레스 상황에 부딪히면 부정적인 감정을 더 강하고 크게 경험하게 되고, 이러한 통제가 어려운 감정으로부터 도피하기 위한 수단으로 자해 행동이 더 쉽게 나타날 수 있습니다. 청소년기의 또래 문화 특성도 자해 행동을 강화하는 요인으로 작용합니다.

부모와 권위자에게서 벗어나 독립적인 자아상을 획득하는 시기의 청소년에게 또래 집단문화는 새로운 자아상을 실행하는 데 중요합니다. 또래들로부터 외모, 집단 내 지위를 얻고, 멋있게 보이고 싶은 마음이 오히려 심한 고통의 흔적을 의미하는 자해가 또래들

에게는 잘 받아들여지고 동정받을 수 있다는 점에서 긍정적인 강화 역할을 합니다.

자해하는 청소년들의 대표적인 행동은 계절에 맞지 않는 복장을 하는 경향이 있습니다. 예를 들어, 더운 날씨에도 긴팔 옷을 입습니다. 또 손목에 밴드를 계속 붙이기도 합니다.

신체가 드러나는 학교 활동을 꺼리기도 합니다. 붕대를 자주 감고 다니기도 합니다. 또 이들은 면도날 같은 적절치 않은 용품을 소지하고 피부 위에 설명하기 어려운 화상이나 자상, 상처 및 흔적이 있습니다. 우울, 불안, 불면 등 심리적 증상이 심해지기도 합니다.

자해 행동에 남녀 차이가 있을까?

여성에게 자해 행동이 더 빈번하다고 알려져 있으나 실제로는 차이가 없다고 합니다. 여성들은 더 이른 나이에, 더 길게 자해 행동을 하며, 칼로 베는 것과 주먹으로 치는 방법을 사용하는 경향이 있습니다. 남성들은 다른 사람들이 있는 장소에서 자해 행동을 하거나 다른 사람들이 해치도록 두는 것 등 사회적 요소와 연관된 경우가 흔하고 술이나 약물에 취한 상태에서 자해 행동을 하는 경우가 많고, 자해 방법이 더 심각하고, 화상이나 구타가 많습니다.

자해의 치료와 예방은?

자해 행동의 치료를 위해서는 약물과 행동 기법, 환경 관리, 정신역동에 근거한 치료 기법 등을 활용합니다. 약물의 경우 자해 행동과 연관된 호르몬, 신경전달물질의 분비와 흡수 등을 조절하는 것이 주된 방법입니다. 행동 기법은 행동을 강화하는 주변의 관심이나 정적 보상을 제공하지 않거나, 자해 행동을 했을 때 싫어하는 자극을 제공하여 행동이 지속되지 않도록 하는 것입니다. 더불어 스트레스를 받는 환경 또는 효과적 의사소통이 어려운 경우 자해 행동이 증가하는 경향이 있으므로 환경에 대한 관리를 통해 자해 행동을 경감시킬 수 있습니다.

① 자행 행동 학생의 상담 개입 초기 단계에서는 가장 먼저 학생의 안전을 확보한다.
② 비판하지 말고 공감하는 마음으로, 자해 행동을 정당화하지 않음과 다른 관점으로 문제 해결책을 찾아야 함을 알려준다.
③ 보호자에게 연락하여 자행 행동 원인 제거를 위해 노력하며, 외부 기관 연계 시 치료 경과 등을 모니터링한다.
④ 낙인을 찍지 않는 것이 중요하다.
⑤ 그룹 활동 등으로 또래를 통해 정서적 지지를 받을 수 있는 환경을 구성한다.
⑥ 자해 행동은 재시도 가능성이 매우 크므로 지속해서 관심과 신뢰를 보인다.
⑦ 자해 행동 관련한 상황은 반드시 기록으로 남긴다.

자해 청소년을 돌보는 가족을 위한 10가지 조언

① 감정표현이 너무 과도하지 않도록 노력한다.

② 감정표현을 너무 억압하고 참지 않도록 한다.

③ 자녀의 요구를 갑자기 다 들어주는 식으로 반응하지 않도록 한다.

④ 자해에 대해 별거 아니라는 식으로 언급하지 않는다.

⑤ 자녀를 대하는 태도가 갑작스레 변하지 않도록 한다.

⑥ 진지하게 자녀의 어려움을 들어준다.

⑦ 진심으로 미안한 마음이 든다면, 사과하는 것이 도움이 된다.

⑧ 혼자 해결하려 하지 말고 정신건강 전문가의 도움을 받도록 한다.

⑨ 마음은 급하지만, 천천히 꾸준히 노력해야 할 문제라는 점을 떠 올린다.

⑩ 치료 목적은 자녀와 모두가 덜 고통스럽게 살 수 있도록 돕는 것이다.

－《출처》대한신경의학회, 2018

수면장애(불면증)

두통을 호소하거나 무기력하고 집중력이 떨어진다는 학생들을 상담하다 보면 잠이 부족하거나 수면장애를 호소하는 경우가 흔합니다.

수면은 우리 삶의 큰 비중을 차지하는 건강의 중요한 영역입니다. 불면증(수면장애)은 잠들기가 어려운 '입면장애'와 잠은 들지만 자는 도중 자주 깨거나 너무 일찍 잠에서 깨어나는 '수면유지장애'를 뜻합니다. 밤에 충분히 잠을 자지 못하면 수면 부족 상태가 되어 낮 동안 졸음, 피로감, 의욕 상실 등을 초래해 일상생활에 지장을 주고, 삶의 질을 떨어뜨립니다. 우리나라 20세 이상 성인 500명을 대상으로 한 한국보건사회연구원의 연구 결과에 의하면, 지난 한 달간 불면증을 경험한 적이 있다고 응답한 비율이 73.4%로 매우 높게 조사된 바 있습니다.

불면증의 원인과 진단

불면증의 원인은 평소 잠자는 시간이나 습관이 불규칙할 때 생기며, 환경 변화와 심리적인 스트레스를 겪으면서 증상이 악화하는 것을 봅니다. 불면증 자체에 대해 지나치게 걱정하는 경우에도 신경계가 긴장하여 불면증이 지속되고 심해질 수 있습니다. 불면증의 원인은 다양하지만, 일시적으로 겪는 불면증의 흔한 원인은 여행으로 인한 시차, 새로운 일, 이사, 입원 등으로 규칙적인 생활 리듬이 바뀌는 것입니다. 이 경우 대부분 며칠 지나면 좋아집니다.

만성적인 신체질환이 있는 경우 통증, 두통, 호흡곤란 등의 증상이 불면증과 동반하기도 합니다. 기분이 우울하거나 불안한 심리적인 문제도 불면증에 영향을 줍니다. 카페인이 많이 함유된 음료도 불면증의 원인입니다.

불면증은 적어도 1개월 이상 잠들기 어렵거나 잠을 유지하는 데 어려움이 있고, 그로 인한 낮 동안의 피로감으로 인해 일상생활에 어려움이 있을 때 진단합니다. 불면증을 진단하기 위해 가장 중요한 것은 수면 일기를 통해 본인의 수면 습관을 확인하는 것입니다. 수면과 관련한 모든 상황을 일기 형식으로 쓰는 것으로, 잠자리에 드는 시간, 잠이든 시간, 잠에서 깨는 횟수와 시간, 전체 수면시간, 일어나는 시간, 낮잠 등을 기록합니다. 수면 일기를 씀으로써 잠자리에 드는 시간이 일정하지 않은 등 잘못된 수면 습관을 확인할 수 있습니다.

함께 자는 동거인을 통해 환자에게 코골이가 있는지, 수면 중의 다른 행동이 있는지 물어보는 것도 도움이 됩니다. 현재 복용 중인 약물에 대해서도 살펴보아야 하는데, 불면증을 일으키는 흔한 약제로는 각성제, 스테로이드제, 항우울제, 교감신경 차단제 등이 있습니다. 그 밖의 원인 진단을 위해 뇌파검사, 근전도 검사, 심전도 검사 등을 하루 정도 잠을 자면서 하는 검사(수면다원검사)가 도움이 될 수 있습니다.

불면증의 가장 흔한 원인은 잘못된 수면 습관입니다. 잘못된 수면 습관을 수정하고 건강한 잠을 잘 수 있도록 수면 위생을 잘 지키는 것이 중요합니다. 보건복지부와 대한의학회에서 제시하는 수면 위생을 위한 10가지 수칙을 소개합니다.

수면 위생 10가지 수칙

① 낮잠을 피합니다. 밤에 충분히 자지 못하여 낮에 피곤하고 졸려서 낮잠을 자면 밤에 잠을 못 자게 되는 악순환이 일어나므로 낮잠을 자지 않는 것이 좋습니다.

② 잠자리에 누워 있는 시간을 일정하게 합니다. 예를 들어 수면시간을 8시간으로 정했으면 잠을 잤는지의 여부와 관계없이 침대에 눕기 시작한 순간부터 8시간이 지나면 일어나서 침대를 떠나야 합니다.

③ 잠자리에 누워서 10분 이상 잠들지 않으면 일어나서 침대 밖으로 나와 단순한 작업을 하면서 잠이 올 때까지 기다립니다. 이때 TV를 보는 것보다는 책을 읽는 것이 좋습니다.

④ 침대는 오로지 잠을 자기 위해서만 사용하고 다른 일을 하거나 생각하기 위해 침대에 눕는 것을 피합니다.

⑤ 주말이나 휴일에도 일어나는 시간을 일정하게 합니다. 주중에 수면이 부족했다고 해서 주말에 늦잠을 자지 않도록 합니다.

⑥ 밤에 깨더라도 시계를 보지 않습니다.

⑦ 매일 규칙적으로 운동하고 저녁 늦은 시간에는 운동하지 않는 것이 좋습니다.

⑧ 잠자리에 들기 약 2시간 전에 따뜻한 물로 목욕하면 잠드는 데 도움이 됩니다.

⑨ 수면을 방해하는 담배, 커피, 홍차, 콜라, 술 등을 피합니다. 술은 수

면을 유도하는 효과가 있지만, 숙면을 방해하여 자주 깨고 깊이 잠들지 못하게 하므로 마시지 않도록 합니다.

⑩ 배고픈 느낌인 공복감도 잠들기 어려운 원인이 되므로 우유 등을 데워서 마시면 도움 됩니다.

불면증으로 고민하는 학생 중에 조부모와 함께 살면서 자신의 고민을 말하지도 못하고 힘들어하던 아이가 있었습니다. 이야기를 나누어 보니 부모님의 이혼 후 조부모와 살게 되면서 잠들지 못하고 있으며 할머니 할아버지에게는 걱정하실까 봐 말씀을 드리지 못하고 있다고 했습니다. 그래서 침실의 온도를 적절하게 하고 조용하고 어두운 상태로 유지하기, 일정한 시간에 잠자리에 들고 일정한 시간에 일어나기 등을 권유했습니다.

수면은 우리 몸의 생체 시계에 영향을 받습니다. 만약 잠자리에 들고 일어나는 시간이 불규칙할 경우 이 생체 시계에 혼란을 주게 되고, 잠들기 더 어려워지게 됩니다. 잠자리에 들기 전에는 과도한 수분 및 음식 섭취를 하지 않아야 하며, 또 잠자리에 들기 전의 과격한 운동은 잠들기까지의 시간을 길게 하므로 피해야 합니다. 따뜻한 물 샤워는 수면에 도움을 준다는 점에 관해 설명했습니다.

신체증상장애

신체증상장애란 심리적인 갈등이나 불편감이 신체적 불편감, 통증 등을 가져오는 질환을 말합니다. 의학적으로는 특별한 원인이 없으나 이 신체적 불편감은 두통, 근육통, 과민성대장증상, 피로감, 불면증이나 소화불량, 복통 등 다양한 증상으로 나타납니다.

청소년 신체증상장애의 특징과 분류

청소년에게 나타나는 신체증상장애의 특성은 보건실을 자주 찾으며 신체적 불편(두통, 근육통, 복통 등)을 호소하곤 합니다. 처음에는 한 가지 증상을 보이다가 나이가 들수록 여러 가지 증상을 호소하며, 스트레스를 받으면 쉽게 우울해하고 신체적 불편감의 횟수나 강도가 올라갑니다. 통증에 대한 약물치료는 일시적으로는 도움이 되기도 합니다. 전문가들은 신체 증상 관련 장애를 크게 두 가지로 분류합니다.

질병 불안장애(건강염려증)

양육자와 불안정한 애착이 형성되어 있다면 돌봄을 구하는 행동을 유발하여 질병 불안장애로 발전할 수 있으며 아동기에 큰 질병을 경험한 경우도 있습니다.

· 진단되지 않은 심각한 의학적 질환이 있다는 생각에 집착합니다.
· 다양한 검사와 평가를 해도 딱히 질환은 발견되지 않습니다.
· 질환이 없다는 의사의 소견을 믿지 못하고 여러 병원을 옮겨 다닙

225

니다.

· 질병 불안장애(건강염려증) 증세를 보이는 아동들은 신체감각에 대해 극도로 예민한 반응을 보이며 불편한 자극도 과민하게 받아들이는 성향입니다.

· 우울장애나 불안장애가 동반됩니다.

· 정신과 치료를 거부하는 경우가 많아 치료가 어려운 편입니다.

· 스트레스를 줄여 주는 것이 도움이 되며 동반된 우울, 불안 증상을 조절하기 위해 약물치료를 병행하는 경우가 많습니다.

전환장애

· 심리적 요인으로 인하여 감각기관이나 수의적 운동기관에 이상 증상을 보이는 질환입니다.

· 갑작스러운 발달장애나 팔을 들어 올릴 수 없다고 호소하지만 신경검사에서 뚜렷한 원인을 발견할 수 없습니다.

· 주로 정신적 스트레스나 갈등을 겪은 후에 증상이 발생하거나 관련 없는 사건이 유발하는 경우도 있습니다.

· 운동기능의 변화로는 사지의 근력 약화 혹은 마비, 안검하수(눈꺼풀처짐), 보행장애 등이 있습니다.

· 감각기능의 변화로는 실명이나 청력소실, 시야 제한, 손·발 무감각 등 다양합니다.

· 청소년 시기에는 근력저하, 마비, 감각 이상 등이 가장 흔합니다.

· 운동기능이 상실되어도 다치는 일은 거의 없으며 자신의 증상에 별로 관심이 없는 듯 보이는 것이 특징입니다.

신체증상장애는 우선 호소하는 통증이나 신체적 불편감이 꾀병으로 꾸며낸 것이 아님을 믿어주고 이해부터 해야 합니다. 신체와 정신은 매우 밀접한 관련이 있기 때문에 이를 함께 치료하는 것이 회복에 도움이 됨을 확실히 알려줍니다. 또한 자신의 신체적 불편감에서 주의를 돌려 다른 것에 집중할 수 있도록 도와주어야 하며, 학생의 심리 정서적 어려움을 감소시킬 수 있도록 전문기관을 안내하는 것이 좋습니다.

신체증상장애의 지도와 대처 방법은?

① 호소하는 통증이나 신체적 불편감이 꾀병으로 꾸며낸 것이 아님을 믿어주고 이해합니다.

② 신체와 정신은 매우 밀접한 관련이 있기 때문에 이를 함께 치료하는 것이 회복에 도움이 됨을 확실히 알려줍니다.

③ 자신이 신체적 불편감에서 주의를 돌려 다른 것에 집중할 수 있도록 도와줍니다.

④ 신체 증상과 관련해서 정확한 정보를 가지고 자신의 상태에 대해 알 수 있도록 설명합니다.

⑤ 청소년의 심리 정서적 어려움을 감소시킬 수 있도록 전문기관을 안내합니다.

조기정신증

조기정신증은 망상이나 환청을 동반하여 인지(생각, 감정) 기능이 손상되는 질환으로 청소년은 물론 다양한 연령층에서 발생합니다. 이에 따라 결국 사회적 활동에 많은 어려움을 겪게 되는데, 정신증이 본격적으로 발병하기 전에 예견할 수 있는 전구증상을 보이는 것을 잘 살펴야 합니다.

조기정신증의 주요 특성과 대처 방법

① 망상

병적으로 생긴 잘못된 판단이나 확신을 나타내는 것을 말하며, 비합리적, 비현실적인 내용을 계속해서 주장합니다. 이에는 피해망상, 관계망상 등이 있는데, 피해망상은 가령 "친구들이 나에 대해 뒷담화하고 있다. 친구들과 선생님들이 나를 싫어하고 모함하고 있다." 등으로 나타날 수 있습니다. 또 관계망상인 경우, 예를 들어 "신문이나 TV에서 나에 대해서 이야기하고 있다.", "아이돌 가수 ○○○과 나는 사실 사귀고 있어."라는 현상으로 나타날 수 있습니다.

② 환청

본래 발생하지 않은 소리를 들은 것처럼 느끼게 되는 현상입니다. 이명이나 착각과는 다르고, 심한 경우 환청에 대한 반응으로 혼자 말을 하는 모습이 관찰되기도 합니다. 누군가 자기 이름을 계속 부른다거나 누군가 욕하는 소리가 들린다는 등 누군가 자신에게 죽으라는 소리를 한다고 말합니다.

③ 와해된 언어

비논리적인 말을 하거나 지리멸렬한 혼란스러운 말을 하기도 합니다. 말속에 내용은 없고 막연하게 말하곤 합니다.

④ 와해된 행동

나이에 맞는 목표 지향적 행동을 하지 못하고 상황에 부적절하게 나타나는 행동을 합니다. 예를 들면, 며칠씩 세수 안 하기, 계절이나 상황에 맞지 않는 옷 입기, 자신보다 나이 많은 사람에게 반말하기 등입니다.

⑤ 행동 특성

학교 등에서 조기정신증이 의심되는 학생의 행동 특성으로

첫째, 기분의 변화가 나타날 수 있고 우울이나 분노, 기분 동요 자극에 대한 과민한 반응으로 나타날 수 있습니다.

둘째, 인지 변화입니다. 괴상하거나 별난 생각, 모호함, 학업이나 일의 기능 저하, 자신과 외부 세계에 대한 지각 변화로 나타납니다.

셋째, 행동 변화입니다. 사회 활동의 퇴행과 흥미 상실, 의심 많음, 역할기능이 저하됩니다. 마지막으로 신체 변화입니다. 수면과 식욕의 변화, 활력의 상실, 추진력과 동기의 감소가 나타날 수 있

습니다.

이러한 망상, 환청, 와해된 언어, 와해된 행동이 드러나기까지는 평균 3년 정도가 걸려 서서히 변화하므로 자꾸 이상한 생각이 드는 것, 가끔 뭔가 학생과 이야기하다 엉뚱한 말을 하는 것 같은 행동이 나타나는데 실제로는 눈치채기 어려운 점도 있습니다.

조기정신증의 약물치료로는 향정신병 약물 사용이 치료의 핵심이며, 약물치료가 최우선입니다. 첫 발병 이후 증상이 조절되어도 약을 꾸준히 먹지 않으면 80%는 재발하므로 지속적인 약물복용이 중요합니다. 이에 대한 대처 방법은

① 증상이나 징후가 보이는 경우 최대한 신속하게 전문기관으로 연계합니다.
② 조기정신증은 만성화될 경우 사회적인 기능 저하로 이어질 수 있으므로 신속하게 정신건강의학과를 찾아 임상적 평가를 받는 것이 중요합니다.

자폐 스펙트럼장애(자폐증)

심각한 부적응을 나타내는 대표적인 발달장애 질환으로 사회적 상호작용 능력, 의사소통에서 장애를 나타내고 관심과 흥미 영역이 매우 제한적이며 같은 행동을 반복적으로 나타내곤 합니다.

자폐 스펙트럼장애의 행동 특성

천재적인 두뇌와 자폐 스펙트럼장애를 동시에 가진 신입 변호사 우영우(박은빈 분)의 대형 로펌 생존기를 다룬 TV 드라마《이상한 변호사 우영우》(2022)에서 변호사 역할을 맡은 우영우가 떠오릅니다.

자폐 스펙트럼장애는 의사소통 장애의 특성이 있습니다. 억양과 목소리의 고저가 비정상적이며 단조롭고 유머 등을 이해하지 못합니다. 또한 사회적 상호작용 능력의 결함을 나타내고 있으며 눈 마주침이 어렵습니다. 그리고 사회적 미소를 보이기도 어렵습니다. 그래서 드라마《이상한 변호사 우영우》에서 우영우 역을 맡은 박은빈 배우는 사진을 찍을 때 일부러 입꼬리를 올려 웃으려 노력하지만 오히려 이상한 표정이 됩니다. 아울러 제한적이며 반복적인 행동을 보입니다.

흥미가 매우 제한되어 있음을 알 수 있는 대목인데 드라마 속에서 우영우가 말하지 않다가 집주인이 영우 아빠와 다툼이 있을 때 처음으로 법조문을 외치는 장면에서 법에 대한 제한적인 관심을 갖고 있음을 알 수 있습니다. 또 몇 가지 행동이나 활동을 반복합니다. 우영우의 몸동작이나 고래에 대한 이야기를 반복해서 한다든가 하는 것이 그 예입니다.

자폐 스펙트럼장애 유형

첫째로 사회적 의사소통 장애로 의사소통 장애 시 언어적이고 비언어적 기술을 잘 사용하는 데에 지속적인 어려움을 나타내는 경우입니다. 둘째는 아스퍼거 유형으로 자폐와 유사한 행동 패턴을 보이지만 사회적 의사소통 능력에 많은 어려움을 가지고 있습니다. 최근 아스퍼거 증후군이라는 말을 별도로 사용하기보다는 자폐 스펙트럼장애로 통합하여 부르거나 그 범주 안에 들어가지 않는 경우 사회적 의사소통 장애로 분류하기도 합니다.

학교 및 대인관계에서 나타나는 특성

사회적으로 자연스럽게 알게 되는 규범들을 쉽게 익히는 것에 어려움이 있습니다. 대화하는 데 적절한 단어를 사용하지 못하는 모습이 보이기도 합니다.

자신의 이익이나 관심사와 관련한 한정된 대화를 하려고 합니다. 《이상한 변호사 우영우》에서 우영우 변호사의 경우 '고래이야기'가 그렇습니다. 즉 본인이 관심 있거나 자신 있는 주제에서 일방적으로 자신의 이야기를 계속하거나 적절치 않은 타이밍에 갑자기 관계없는 주제를 이야기합니다.

또 친구들과 친밀한 관계를 만드는 것을 매우 어려워합니다. 눈 마주침이나 미소와 같은 표정, 손짓이나 몸짓 등의 표현 기술이 부족합니다. 친구를 사귀고 싶은 마음은 있지만 타인 조망 능력이나 분위기를 이해하기가 어려워서 친구 사귀는 것에 어려움이 나타납니다. 이러한 부분은 또래 관계의 상호작용이 잘 이루어지지 않는 상황에서 사회적 기술 능력 부족으로 또래의 괴롭힘이나 따돌림 대상이 될 수 있습니다. 이는 드라마 상황에서 우영우 변호사의 친구 최수현을 로스쿨 다닐 때부터 친구들이 놀리거나 속이거나 따돌릴 때 도와준 '봄날의 햇살' 같다고 표현합니다.

자폐 스펙트럼장애의 지도와 대처 방법은?

① 사회성 부족의 정도나 현재의 기능 수준과 같은 개인적인 특성에 대해 정확히 파악해야 합니다.

② 도우미가 될 만한 친구들을 선별하여 해당 학생과 같이 다닐 수 있도록 모둠을 편성하는 것을 추천합니다.

③ 친구들 서로가 친구에 대해 잘 이해할 수 있도록 알려주고, 서로 어울려 생활하는 법과 모둠을 이루어 나가게 도와주어야 합니다.

④ 사회적 기술은 학습에 의해 익히는 것임을 잘 기억하고, 상황에 따른 다양한 감정이 있으며 각 감정이 유발될 수 있는 경우와, 다른 사람들은 어떻게 느끼고 어떻게 반응해야 하는지도 차근차근 알려주어야 합니다.

⑤ 학생이 질환에 대한 정확한 진단을 받고 치료가 유지될 수 있도록 전문기관과 연계합니다.

반사회적 인격장애 (소시오패스와 사이코패스)

소시오패스는 사회를 뜻하는 Socio(소시오)와 병리 상태를 뜻하는 Pathy(패시)의 합성어로, 반사회적 인격 장애의 일종입니다. 보통 사이코패스(Psychopath)와 헷갈리기도 합니다. 사이코패스는 흉악범죄를 저지르고도 자기 행동에 대한 죄책감이나 타인에 대한 동정심이 없는 상태라면 소시오패스는 잘못된 행동이라는 점을 충분히 인지하고 있다는 점이 다릅니다.

심리학자 마사 스타우트는 미국의 전체 인구 중 약 4%가 소시오패스를 겪고 있다고 주장했는데요. 겉으로 전혀 티가 나지 않기 때문에 일상에서 함께 생활해도 모르는 경우가 대부분이라고 합니다.

소설 속의 유명 탐정 '셜록홈스'를 현대적으로 재해석한 영국 드라마《셜록(Sherlock)》에 나오는 내용입니다. 드라마에서 홈스는 뛰어난 추리력을 갖고 있지만 성격이 괴팍하고 별나 주변 사람들에게 인기가 없습니다. 한 예로 홈스로부터 무시당한 한 법의학자는 그를 '사이코패스(psychopath, 정신병질자)'라고 비난합니다. 그러나 거칠 것 없는 홈스는 자신은 고기능 '소시오패스(sociopath, 사회병질자)'라며 공부 좀 더 하라고 맞받아치는 장면이 나옵니다.

소시오패스와 사이코패스의 차이점과 공통점

비슷해 보이는 두 정신질환의 차이는 무엇일까요? 사실 현대

정신의학에서는 두 단어를 구분하지 않고 반사회적 인격장애(anti social personality disorder)라는 하나의 진단명을 사용합니다. 그러나 여전히 일부 사람들은 이를 구분해서 사용하거나 혹은 의미를 혼용하는 경우가 많습니다.

그래서일까요? 2013년부터 2014년까지 인기리에 방영했던 SBS 드라마《별에서 온 그대》라는 작품이 생각납니다. 이 드라마는 400년 전 지구에 떨어진 외계남 도민준과 왕싸가지 한류 여신 톱스타 천송이의 로맨스를 그린 이야기입니다. 그런데 남자 주인공이 방송사 홈페이지에는 사이코패스로, 언론에서는 소시오패스로 소개하며 사람들을 혼란스럽게 합니다.

사이코패스와 소시오패스의 공통점은 반사회적 인격장애의 진단 기준에서 찾을 수 있습니다. 이들은 법과 사회적 관행을 무시하고, 다른 사람의 권리를 묵살하며, 후회나 죄의식과 같은 감정을 느끼지 않으면서, 감정의 폭발이나 폭력적 행동을 보이는 경향이 있습니다. 불량배, 깡패, 무법자, 건달, 악당, 양아치 등 많은 별명을 달고 있는 이들의 반사회적 행동에는 낮은 공감 능력과 부족한 양심이 깔려있습니다.

반면, 사이코패스와 소시오패스의 차이점은 사회적 교류 수준에서 찾아볼 수 있습니다.

다른 사람과 아예 감정의 교류를 하지 못하는 사이코패스에 비해 소시오패스는 일정 수준의 공감과 사회적 애착 형성이 가능합니다. 실제 반사회성 인격장애 환자 중 사이코패스 정도가 높은 집단의 뇌에서만 공감, 도덕적 판단, 친사회적 감정의 처리에 연관된 영역의 회색질(뇌나 척수에서 신경세포체가 밀집돼 있어 짙게 보이는 부분)이 감소한 것으로 나타난 연구 결과가 있습니다. 하지만 사이코패스 정도가 낮은 반사회성 인격장애 환자 집단은 일반인과 큰 차이를 나타내지 않았습니다. 그런데 소시오패스의 감정처리는 일반인과 차이가 있습니다. 소시오패스가 감정을 자극하는 단어(예를 들어 시체, 고문)가 포함된 문제를 접할 때 이들 뇌의 측두엽으로 혈류 공급이 증가한 것으로 나타난 연구 결과가 있습니다.

이는 보통 사람이 약간의 지적 능력이 필요한 문제를 풀 때 나타나는 현상입니다. 즉 소시오패스가 감정을 처리할 때 일반인처럼 즉각 반응하는 것이 아니라 인지적으로 접근한다는 것을 의미하는 것입니다. 흔한 예상과 달리 소시오패스는 매력적인 경우가 많다고 합니다. 이들이 호감을 쉽게 얻는 이유는 다른 사람의 감정을 이해할 수 있기 때문입니다.

그러나 이들의 공감은 정서적 공감이 아닌 인지적 공감으로 다른 사람을 위해 쓰이지 않고 오직 자신을 위해서만 사용합니다. 그래서 이들은 적절한 표정으로 감정을 연기하고 주변 사람을 바둑판의 바둑알처럼 조종하며 착취하는 기생적 인간관계를 맺곤 합니다.

소시오패스는 또한 거짓말하는 데에 능숙합니다. 우리가 거짓말할 때를 생각해볼까요? 혹시라도 들통날까 봐 긴장하고, 식은 땀 나고, 가슴이 콩닥콩닥 뛰는 것이 일반적입니다. 그 이유는 양심 때문이지요. 그러나 소시오패스에게 양심이란 그저 사전 속 단어에 불과하기 때문에 이들은 원하는 바를 성취하기 위해서라면 조금의 거리낌이나 망설임 없이 거짓말을 할 수 있는 것이지요.

소시오패스가 거짓말을 잘하는 이유는 무엇일까요? 반사회성 인격장애 진단 기준 중 하나인 높은 사기성을 보인 사람들이 보통 사람보다 두뇌 전전두피질의 회색질이 14.2% 감소한 반면에 백질은 22.2% 증가한 것으로 나타난 연구 결과가 있습니다.

인간의 두뇌에서 회색질은 신경세포들이 밀집된 겉 부분이고, 백질은 신경세포를 서로 연결하는 신경 섬유망이 깔린 속 부분입니다.

신경과학적으로 보면 소시오패스는 옳고 그름을 구분하는 전전두피질의 신경세포가 적어 도덕적인 판단을 잘하지 못하기 때문에 거짓말을 쉽게 하는 것일 수 있습니다. 대신 신경세포 사이에 더 많은 통로를 갖고 있기 때문에 여러 기억과 생각들을 수월하게 연결할 수 있지요. 소시오패스가 그럴듯한 이야기를 천연덕스럽게 만들어 낼 수 있는 것은 기존 정보를 잘 연상할 수 있는 두뇌 구조 덕분으로 보입니다.

일부 학자들의 주장이 맞는다면, 사이코패스는 생물학적, 유전적 원인에 의해 선천적으로 타고나는 것이며, 소시오패스는 '환경'에 의해 만들어진다고 볼 수 있습니다. 즉 소시오패스는 유년기에 학대나 방임 등을 겪으면서 자신에 대한 비뚤어진 생각과 타인으로부터 버림받을 것이라는 생각을 가지게 됩니다. 이에 따라, 우울, 분노, 불안 등의 감정이 생기고, 이러한 감정들과 자신의 약점을 숨기기 위해 더 비도덕적인 행동을 하게 되는 것이지요. 그리고, '성공지향'을 우선시하는 사회 분위기와 모든 것에서 최고가 되어야 한다는 부담감이 더 해지면 소시오패스가 만들어질 확률이 높아진다고 합니다.

소시오패스를 예방하려면

유전적 요인이 아닌 환경적 요인을 통해 작용하는 소시오패스라면 그 예방은 가능할 수도 있지 않을까 생각합니다. 가령, 자기 정체성과 세상을 바라보는 가치관이 성립하는 유년기에 부모와 사회로부터 애정과 관심을 받고 도덕심에 대한 교육을 충분히 받는다면, 소시오패스의 발현을 막는 일이 어렵지만은 않을 것입니다. 또한 양심, 배려, 봉사가 칭찬받는 사회적 분위기가 조성되고 남을 이용하거나 거짓으로 성공을 성취한 사람들이 지탄을 받고, 양심껏 착하게 살아가는 사람들이 우대받는 사회라면 소시오패스가 늘어날 이유는 없을 것입니다.

아울러 학대와 같은 생애 초기 스트레스를 겪는 아동 청소년들에게 사회적으로 관심을 기울이고 이러한 질환을 보이는 아이들에 대해 적극적으로 개입하는 노력이 필요해 보입니다.

예를 들어 2023년 5월 26일, 부산에서 또래 여성을 살해하고 시신을 유기한 정유정 사건에 대해 검찰관계자는 "피고인은 불우한 성장 과정, 가족과의 불화, 대학 진학 및 취업 실패 등 어린 시절부터 쌓인 분노를 표출할 대상이 필요했다"며 "사이코패스적인 성격이 어우러져 본건 범행에 이르렀다"고 설명했습니다.

경찰 단계에서 정유정의 사이코패스 지수는 연쇄살인범 강호순(27점)보다 높은 28점대였으나 검찰 수사 과정에서는 26.3점으로 나왔습니다.

이는 환경적인 변화가 영향을 미쳤기 때문으로 알려졌습니다.

검찰 조사 결과 정유정은 자신의 분노를 소위 '묻지마 살인'의 방식으로 해소하기 위해, 범행이 용이한 혼자 사는 여성 불특정 다수 중 대상을 물색해 범행한 것으로 드러나고 있습니다.

미국 정신분석학회에서는 소시오패스를 '법규를 무시하고 인권을 침해하는 행위를 반복해 저지르는 정신질환'으로 정의하고 있습니다. 이는 인간이 가져야 하는 '양심'이 결여되어 있기 때문입니다.

따라서 소시오패스를 예방할 수 있는 가장 좋은 방법은 도덕적인 기준이 확립되는 유년기 시절에 싸움, 규칙 위반, 도벽, 거짓말 등을 금하고 학대, 폭력 등을 경험하지 않게 하는 등 지속적인 관심과 배려를 보여주는 것이라고 합니다.

소시오패스의 치료

소시오패스의 치료 방법은 정신과에서 상담을 통해 약물 처방을 받거나 스스로 인지해 교정하기 위해 노력을 해야 합니다. 문제는 발견하기가 쉽지 않고, 왜 발병하는지에 대한 원인이 정확하게 규명되어 있지 않아 확실한 치료법이 아니라는 것입니다.

소시오패스의 기질이나 성격보다는 행동을 초점으로 한 행동치료가 그나마 효과가 있는 것으로 보입니다. 행동치료의 목표는 비양심적이고 비도덕적인 행동이 일시적으로는 이득이 되지만, 궁극적으로는 더 큰 성공을 이루는 데 방해가 될 수 있다는 점을 깨닫게 하는 것입니다. 예를 들어, 돈에 욕심이 많은 사기꾼 소시오패스에게 계속 사기를 치면 당분간은 재산을 늘릴 수 있지만, 장기적으로는 모든 재산을 압수당할 수 있다는 사실을 계속 주입시키면, 적어도 사기를 치는 행동은 줄일 수 있다는 것입니다.

또한, 소시오패스 증상이 원인이 되어 이차적으로 생겨난 심리질병을 치료함으로써(예: 성공에 대한 지나친 집착과 불안), 소시오패스적 행동을 줄이고자 하는 심리치료적 접근도 이용되고 있습니다. 하지만 이미 소시오패스 성향이 굳어져 버린 어른의 경우 그 예후는 매우 부정적입니다. 앞서 언급한 바와 같이 유아나 아동기에 제대로 된 교육으로 예방 또는 치료하는 것이 중요합니다.

우울증, 공황장애와 같은 정신질환은 비단 연예인에게만 있는 특수한 질병이 아닙니다. 가까운 가족과 친구뿐만 아니라 나에게 도 생길 수 있는 보편적인 질병이지요. 주변을 둘러보면 사회생활과 인간관계에서 겪는 스트레스로 마음의 병을 앓고 있는 대학생, 현대인이 많습니다. 정신질환과 그 영향, 우리 사회의 인식 수준을 알아보고 힘든 시기를 겪고 있는 주변 사람들에게 도움의 손길을 건네 보면 좋겠습니다.

내 가까이에 있는 친구나 가족 모두 정신질환을 겪을 수 있고, 우리 자신 또한 마찬가지입니다. 정신질환은 숨기거나 놀림당할 질환이 아닙니다. 감기처럼 누구나 겪을 수 있으며, 약을 먹으면 금세 낫는 것처럼 치료받으면 극복할 수 있는 질환입니다. 마음의 상처를 치유하지 않고 곪게 내버려 둔다면 이후의 생활에 지장을 줄 수 있습니다. 혹시 정신질환을 앓고 있다면 주저 없이 지인이나 전문가에게 도움을 요청하기를 바랍니다. 우리의 삶은 그 어느 것보다 소중합니다. 더욱 건강하고 단단해진 마음으로 인생을 채워나가면 좋겠습니다.

5장

마음 건강을 위한
실천적 지침

청소년의 감정 바로알기

✦

정서적 질환의 현장과도 같은 청소년기에 어떻게 하면 그들의 정서가 조금이라도 평안하게 지내도록 도울 수 있을까요?

청소년과 만나는 부모와 교사는 하루도 그냥 지나가는 날이 없습니다. 변덕스러운 아이는 짜증을 내고, 화를 내고, 토라지고, 공격성을 드러내기도 합니다.

이러한 현상들은 정도의 차이가 있을 뿐이지 대부분의 청소년이 경험하는 것입니다. 문제는 이것이 정상적인지 아니면 병적인지를 분별하는 것입니다. 청소년기를 지나면서 가끔 찾아오는 불안인지, 아니면 그보다 심각한 문제가 있는 불안인지 어떻게 알아낼 수 있을까요? 청소년 자신이 자신의 불안이나 우울 상태를 말하지 않으면 좀처럼 알아내기 어렵습니다. 그렇기 때문에 그들의 말 한마디에도 귀 기울여야 하고 귀 기울일 마음도 열려 있다는 것을 그들이 느끼게 하는 것이 중요합니다.

어느 날 갑자기 울음을 터뜨리고 자신의 불안을 말하고 죽을 것 같다고 이야기하는 아이들을 만나곤 합니다. 그럴 때 "쉽게 할 수 없는 어려운 이야기를 해주어 고맙다."라는 말을 먼저하고 그들의 이야기부터 들어줍니다.

감정은 정신적 건강을 보여주는 지표라고 할 수 있습니다. 청소년기는 어느 때보다도 감정에 지배당하는 시기여서 보통 신나 있거나 아주 우울한 경향이 있습니다. 청소년들을 만나다 보면 겁이 날 정도로 감정 기복이 심한 아이들도 만나곤 합니다. 청소년은 아직 전두엽을 이용해 문제를 해결할 능력이 없기 때문에 감정을 거르고 조절하는 역할, 평정심을 갖도록 돕는 것이 중요합니다.

그렇다면 감정의 폭발이나 기복, 혹은 충동적 행동이나 심각한 낙담 상태가 정상적인 청소년기의 행동인지, 아니면 우울장애나 불안장애의 징조를 알 방법은 무엇일까요? 무엇보다 청소년기 발달에서 어떤 것이 감정이고, 어떤 것이 감정이 아닌지를 이해해야 합니다.

청소년을 대하기 어려운 것은 그들은 이성이 아니라 감정부터 앞서기 때문입니다. 청소년들도 자신들이 그러한 것을 알고 있습니다. 하지만 자기 마음대로 되지 않아 괴로워하죠. 청소년들은 하루에도 몇 번씩 자기 삶에 대해서 멋진 드라마 각본을 쓰기도 하고, 비극적인 드라마 각본을 쓰기도 합니다.

그런데 사람의 감정은 뇌와 깊은 연관이 있습니다. 사람이 느끼는 다양한 감정의 원인은 뇌를 통해서 찾아야 합니다.

뇌와 스트레스의 관계

✦

인간의 감정은 뇌에서 편도체(amygdala, 아몬드를 닮아 이름 붙여짐, 정서 경험을 만들어 내는 데 중요한 역할을 한다.)의 작용과 긴밀하게 관련되어 있습니다. 이는 공포, 분노, 슬픔, 공황 등 감정의 가장 원초적인 반응이 편도체에서 비롯되기 때문입니다.

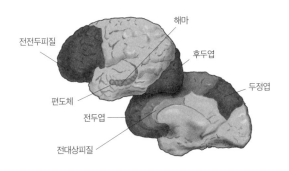

스트레스에 민감한 해마와 편도체

뇌에서 걱정이나 스트레스와 연관된 곳은 해마와 편도체에 있는 뇌의 번연계입니다. 그중 해마는 스트레스 신호에 민감하게 반응하며, 편도체는 위험신호를 보내는 역할을 합니다. 위의 그림처럼 해마 옆의 편도체는 기억에 감정을 이입시키는 역할을 합니다. 가령, 공포나 수치심을 자아내는 기억이 있다면 그 기억에 공포심과 수치심을 이입시키는 것이 바로 편도체입니다.

그러므로 자신의 스트레스에 대한 주도권을 잃지 않으려면 뇌 안의 편도체를 진정시켜야 하는데 그것은 자신이 느끼는 감정에 스스로 반응해 보는 것입니다. 예를 들어, '내가 지금 매우 흥분한 것 같아', '매우 불쾌한 기분이 들어', '내 마음이 너무 슬픈 것 같아' 등의 감정을 정확히 파악하면서 호흡을 길게 갖는다면 편도체가 차츰 진정되는 효과가 있습니다.

편도체는 걱정이 심해지면 그에 비례해 더 강해지는 경향이 있습니다. 그래서 긍정적이고 밝은 마인드(생각)로 걱정을 대치하거나 잊는 편이 좋습니다. 우리가 흔히 걱정의 감정을 나타내면 그것에 관여하는 뇌 부위가 편도체임을 생각하기 바랍니다.

어른들은 아랫사람이나 주변의 지인들을 격려하면서 종종 이렇게 말하곤 합니다. "좋은 일을 생각하면 좋은 일이 생기고 나쁜 일을 생각하면 나쁜 일이 생기니까 웬만하면 좋게 생각하라고" 말입니다. 이 말처럼 우리의 사고는 전두엽에서 처리되어 의식으로 옮겨지는데 이때 감정이나 기분이 사고에 영향을 미칩니다.

혹시 기분이 울적할 때 생각도 같이 어두워지는 것을 경험해 보셨을까요? 아니면 배고픈 감정이 들 때, 맛있는 뭔가를 먹는 생각은요? 보통은 자신의 기분에 따라 생각에도 영향을 미친다는 것을 알 수 있습니다. 결국 감정은 사고에 영향을 주고, 사고는 감정에 영향을 주기 때문입니다.

미국 UCLA 대학에서 학생들 대상으로 이런 실험을 했습니다. A그룹은 행복했던 기억을 연기하고, B그룹은 슬픈 기억을 연기하도록 했습니다.

기분을 밝게 하는 대본을 읽으며 연기한 A그룹은 활기가 넘치고 면역세포도 풍성했으나, 우울한 대본을 읽고 연기한 B그룹의 면역반응은 현저하게 떨어졌다고 합니다.

누구에게나 기분 좋은 날이 있고 그렇지 않은 날이 있습니다. 흔히 마음이 아프면 심장 쪽을 생각할 수 있지만 부정적 기분이나 스트레스의 진짜 원인은 뇌와 관련이 있습니다. 스트레스에 더 민감하게 반응하는 사람은 성격이라기보다는 근본 원인을 뇌 안에서 찾아야 합니다. 뇌는 스트레스를 관리하고 감정을 처리하기 때문입니다.

스트레스 마주하기

✦

"나는 왜 이렇게 키가 작은 거야!"

"키 작다고 친구들이 놀리면 어쩌지?"

"할 일이 산더민데 언제 다해? 아, 짜증 나."

"이번 시험은 망했어."

"엄마 아빠 잔소리 때문에 미치겠어."

"내 이성 친구가 다른 이성 친구를 좋아하면 어쩌지?"

청소년들은 무엇을 고민할까?

사춘기를 겪는 청소년기에는 어떤 고민과 불안이 있을까? 초등 고학년 학생들에게 물었어요. 71%가 고민과 불안이 있다고 대답했으며, 그들의 고민과 불안은 공부와 진로가 22%, 성격, 버릇이 17%, 얼굴, 외모가 14%, 친구 관계 11%, 학교생활 11%, 따돌림

8%, 건강 7%, 가정 문제 4%, 이성 친구 3%, 기타가 1%였습니다.

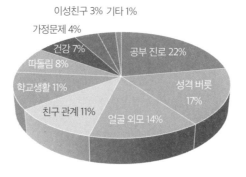

사춘기 청소년의 고민과 불안

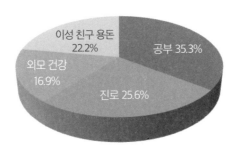

14세 청소년의 고민거리

또한 14세 청소년을 대상으로 '고민거리'를 조사한 결과, 1위는 공부(35.3%), 2위는 진로 (25.6%), 3위는 외모와 건강(16.9%), 4위는 기타(이성, 친구, 용돈) 22.2%로 나타났습니다. 이처럼 청소년들도 여러 가지 고민거리로 스트레스를 받고 있다는 사실을 확인할 수 있습니다.

청소년기의 스트레스

사춘기 청소년들의 다양한 스트레스를 해결할 방법에는 무엇이 있을까요?

스트레스에 대처하는 기술은 스트레스의 원인과 영향을 파악해 그 원인을 줄이거나 피하지 못할 스트레스의 영향을 적게 받게 하는 것입니다. 스트레스(stress)의 어원은 '팽팽히 죄다, 좁다'라는 뜻의 라틴어 'stringere'에서 유래합니다. 현대에는 외부 환경의 압력으로부터 보호하려는 저항력 사이의 균형이 깨지면서 나타나는 신체 및 정신적인 증상을 의미하는 단어로 사용합니다.

스트레스에는 '좋은 스트레스(Eustress)'와 '나쁜 스트레스(Distress)'가 있다는 것은 이미 널리 알려진 사실입니다. 적당한 스트레스는 우리 몸의 적응력을 기르는 데 도움을 줍니다. '좋은 스트레스'는 우리 몸을 가벼운 흥분 상태로 만들어 주어 일의 능률을 높이는 긍정의 역할을 합니다. 특히 합격, 승진, 졸업, 결혼 같은 '좋은 스트레스'는 우리에게 동기를 부여하고 몸과 마음을 활성화시켜 회복력이나 저항력을 길러줍니다. 반면에 '나쁜 스트레스'는 만병의 근원이 되어 우리에게 부정적인 영향을 미칠 수 있습니다. 질병, 이별, 죽음 등 마음에 부담을 주는 일이 장시간 만성적으로 이어지거나 단시간에 갑작스럽고 감당하기 힘들 정도의 스트레스가 밀려오면 심신의 균형이 깨지는 상태가 되는데, 이러한 스트레스가 '나쁜 스트레스'에 속합니다.

청소년기에 주로 나타나는 스트레스의 원인은 첫째, 인지발달 과정에서 오는 스트레스입니다. 청소년기에 자리 잡기 시작하는 자아 중심성은 몸과 마음의 평형을 깨뜨려 그 자체로도 스트레스를 받습니다. 둘째, 인지구조가 발달하는 동안 '자아 중심성'이 강하게 나타나는데 이상과 현실과의 괴리로 인해 불균형이 생기고, 이에 따라 심한 갈등을 겪습니다. 셋째, 자립성 확인의 스트레스를 들 수 있습니다. 청소년기 특유의 독립적인 사고로 인해 스트레스를 받을 수밖에 없습니다. 넷째, 자아정체성 발달 스트레스입니다. 청소년기는 자아정체성이 확립되는 시기로, 이때 자신에 대한 타인의 인식과 자신의 인식 간에 차이가 벌어져 자기 정체성 확립이 어려울 때 스트레스가 커집니다. 다섯째, 신체적 성숙의 스트레스입니다. 신체적 발달은 성인과 비슷하지만 행동이 아직 어린아이처럼 미숙할 때 혹은 사회성 발달이 더딜 때 스트레스가 발생합니다.

스트레스 반응단계

누구나 어떤 스트레스 상황에 놓이면 보통 3단계의 반응을 경험합니다. 즉 놀라고, (스트레스에) 저항하게 되고, 저항이 장기화하면 탈진 상태에 이릅니다. 각 단계의 심리적 반응을 살펴보면,

① 스트레스 반응 1단계: 놀람 단계
스트레스가 자신의 대처 능력을 넘어서면 불안, 공포, 심리적 공황을 경험하게 되고 우리 몸의 자원을 총동원해서 방어하기 위해 노력하는 단

계입니다. 스트레스에 대해 몸 안의 내분비계, 스테로이드, 교감 신경계가 적극적으로 활동하는 시기입니다.

② 스트레스 반응 2단계: 저항 단계
긴장되는 상황, 위험한 상황이 지속되면서 교감 신경계가 활발히 활동하려고 힘을 쏟지만 이전과 같이 민감하고 활달하게 반응하지 못합니다. 증상은 그 상황을 피하려 하거나 게임, 스마트폰, 술 또는 약물 등에 의존하게 되고, 일상생활에 지장을 줍니다. 결국 소화장애나 불면증 등 건강에도 적신호가 옵니다.

③ 스트레스 반응 3단계: 소진 단계
저항 단계가 지속되면 심리적 절망감, 무력감, 심한 우울감 등을 느낍니다. 학교나 사회 부적응으로 인해 심한 어려움을 경험하게 되고, 현실로부터 도망치고 싶다거나 자살 충동을 느낄 수 있지요. 또한 약물 의존도가 높아지면서 건강에 문제가 생겨 여러 가지 질병이 나타날 수 있는 단계입니다. 마지막 소진기에 이르기 전에 충분한 휴식을 취하면서 스트레스 반응에 대응할 수 있도록 관리해야 합니다.

이렇게 내 몸에 반응하는 스트레스를 어떻게 효과적으로 대처할까요?

스트레스에 대처하는 물리적, 심리적 방법들

• 시간 관리하기
해야 할 일의 우선순위를 정합니다. 특히 학업 중에 있는 청소년들은 시험 때가 다가오면 은연중에 스트레스를 받곤 합니다. 이럴 때일수록 자신만의 계획을 세우기를 권합니다. 중요한 과목과 어려운 과목, 그리고 시험 일정에 따라 먼저 공부해야 할 것들의 순위를 매겨 공부에 임하자는 것입니다. 시간을 효율적으로 관리하다 보면 원하는 과목의 성적을 올릴 수 있고 그렇게 하나씩 성취하다 보면 시험은 그저 나쁜 스트레스로 작용하는 것이 아니라 성취감을 맛보는 좋은 스트레스로 바뀔 수 있기 때문입니다. 시간을 잘 활용할 수 있도록 분석하고 기록하면서 자신이 세운 목표를 분명하게 설정하여 일을 효율적으로 처리할 수 있기를 바랍니다. 예를 들어 시험으로 스트레스를 받을 때, 스트레스 관리 3단계를 알아봅시다.

단계	1단계 상황 바꾸기	2단계 생각 바꾸기	3단계 가라 앉히기
방법	상황을 바꾼다는 것은 환경을 달리한다는 것입니다. 만약 시험 때문에 스트레스를 받는다면 시험공부를 일찍 시작하고 계획을 세워서 합니다.	세상을 바라보는 사고 방식을 바꾸는데 초점을 두는 것입니다. 시험을 잘 볼 수 있다는 자신감을 갖는 다면 스트레스를 이겨내는데 도움이 됩니다.	스트레스를 받아 긴장되면 마음을 차분히 하고 명상에 잠기며, 스트레스를 가라앉히도록 합니다.

- 자기 건강 관리하기

건강한 자신을 위해서는 식습관 유지가 첫째입니다. 채소와 과일을 규칙적으로 섭취하고, 균형 잡힌 적정량의 식사가 중요합니다. 단것이나 튀김 요리 등 자극적인 음식과 카페인이 많이 들어간 음식이나 음료는 멀리해야 합니다.

두 번째, 충분한 수면을 취합니다. 충분한 수면을 위하여 낮잠은 30분 이내로 자되 자신에게 맞는 수면 시간을 취하는 것이 좋습니다. 그리고 원하는 분야의 책을 읽거나 좋아하는 음악을 들으며 휴식을 취하면 스트레스 해소에 큰 도움이 됩니다.

마지막으로 규칙적으로 운동할 것을 권합니다. 혼자서 하는 운동도 좋지만 여러 사람이 함께하는 운동을 하면 좀 더 규칙적으로 실천할 수 있습니다.

- 나도 긍정(OK), 너도 긍정(OK)

대부분의 부모는 자녀들이 어릴 때일수록 친구들과 사이좋게 지내기를 가르칩니다. 이는 학교에서 아이들을 지도하는 교사들도 다르지 않습니다. 왜 그럴까요? 우리나라는 집단주의 문화가 강하므로 그것이 살아가면서 얼마나 중요한지 잘 알기 때문입니다.

자녀가 친구와 사이좋게 살아가도록 지도하려면, 무엇보다 서로의 다름을 인정하며 남을 존중하는 태도를 갖도록 가르쳐야 합니다. 이때 '나도 긍정(I'm OK), 너도 긍정(You are OK)'의 태도라면 사람 간의 관계는 가장 좋은 상태로 바뀌게 되는데 이러한 태도는 나쁜 스트레스를 좋은 스트레스로 바뀌게 하는 긍정의 작용을 합니다.

그리고 긍정적인 자기 이미지를 얻기 위해 긍정적인 언어를 사용해 보기를 권합니다. 자신의 긍정적인 특성에 대한 증가한 지각과 인식은 이러한 특성을 반영하는 행동을 좀 더 자주하게 하고 그 결과 타인으로부터 긍정적 반응을 이끌어 자존감이 확대될 수 있습니다.

그러므로 우리는 청소년들의 성장 과정에서 'I am OK, You are OK!' 교육을 바르게 가르쳐 서로를 경쟁 관계로만 보거나 열등의식, 차별, 상대적 박탈감, 우울감 등으로 스트레스를 받지 않도록 힘써야 합니다.

- 근육 이완을 통한 긴장 풀기와 소통

청소년들에게도 긴장을 완화하는 운동과 좋아하는 여가 활동이 필수적입니다. 그중 근육 이완 방법의 하나로 미국의 생리학자 에드먼드 제이콥슨(Jacobson) 박사가 개발한 '점진적 이완 요법' 중 호흡 활용법은 근육의 팽창을 줄여 자기수용성 감각에서 나오는 다양한 자극을 차단하고 손쉽게 스스로 할 수 있어 소개합니다.

긴장 이완 - 편안하게 앉아서 눈을 감고 천천히 호흡합니다. 이때 특히 숨을 천천히 내쉬는 것이 좋습니다. 호흡을 깊고 천천히 하면서 마음속으로 '나는 편안하다.'라고 말해봅니다.

이는 불안과 두려움을 덜 느끼게 하고 안정감과 동시에 머리를 텅 빈 상태로 이끄는 효과를 체험할 수 있기는 장점이 있습니다.

신체적 활동 외에 가족과의 소통을 통해 함께 웃을 수 있는 분위기를 만드는 것은 그 어떤 것보다 긴장을 완화할 수 있습니다. 그래서 청소년기에 소통하는 방법을 가르치는 일은 매우 중요합니다. 보통은 말하기와 듣기, 읽기와 쓰기 등을 통해 다른 사람과 소통하는 데 필요한 방법을 배움으로써 타인과 관계를 맺고, 서로 도움을 주고받으며, 남과 '다름'의 차이를 인정하거나 그로 인한 갈등을 극복하며 살아갈 수 있게 해야 합니다. 그래야만 타인의 생각에 공감하고 타인의 감정도 존중하면서 자신의 감정을 스스로 조절하며 살아갈 수 있기 때문입니다.

• 건강자원 활용과 정서적 지지 받기

스트레스 해소 방법은 개인마다 다양합니다. 누군가에겐 수면이 효과적인 해소 방법이지만, 다른 누군가에게는 효과가 없을 수 있습니다. 또한 공부를 많이 못 해서 스트레스 받는 상황에서의 수면은 스트레스 해소가 아닌 문제 상황의 회피이자 스트레스를 심화시키는 방법이 될 수 있습니다. 스트레스는 바로 해소하지 않고 회피하거나 참고 덮어두면 자연스럽게 사라지는 것이 아니기 때문에, 계속 쌓여 더 큰 건강상의 문제가 될 수 있습니다. 따라서 자신에게 맞는 스트레스 해소 방법을 찾아내 적극적으로 대처하는 자세가 필요합니다.

스트레스를 해소하는 방법 중 가장 일반적인 방법은 대화를 통한 지지입니다. 즉 친구나 선생님 등 사람과의 대화를 통해 객관적인 시각과 현실적인 판단을 할 수 있도록 조언을 들어 정서적인 지지를 받는 것도 권장합니다. 가령, 여학생들의 경우 마음 편한 친구들과의 수다를 통해서 자신의 스트레스를 풀기도 하는데 이 방법도 좋습니다. 친구들과의 수다를 통해 비슷한 고민을 적극 공감하고 지지해 주는 것은 서로에게 큰 힘이 됩니다.

또한 주변의 자연환경과 건강자원을 활용하는 방법이 있습니다. 가령, 숲길 걷기, 숲 치유, 그린 샤워, 식물 기르기, 음악 듣기, 노래 부르기 등을 통해 스트레스에서 벗어날 수 있습니다.

스트레스 자가체크표 함께해보기

-《출처》 하이닥

내 스트레스 지수는 얼마일까?

내용	전혀 없었다	거의 없었다	때때로 있었다	자주 있었다	매우 자주 있었다
1. 예상치 못한 일 때문에 당황했던 적이 얼마나 있었나요?	0	1	2	3	4
2. 인생에서 중요한 일들을 조절할 수 없다는 느낌을 얼마나 경험했나요?	0	1	2	3	4
3. 신경이 예민해지고 스트레스 받고 있다는 느낌을 얼마나 경험했습니까?	0	1	2	3	4
4. 당신이 개인적 문제들을 다루는 데 있어 얼마나 자주 자신감을 느꼈나요?	4	3	2	1	0

5. 일상의 일들이 당신의 생각대로 진행되고 있다는 느낌을 얼마나 경험하나요?	4	3	2	1	0
6. 당신이 꼭 해야 할 일을 처리할 수 없다고 생각한 적이 얼마나 있었나요?	0	1	2	3	4
6. 일상생활의 짜증을 얼마나 자주 다스릴 수 있었나요?	4	3	2	1	0
7. 최상의 컨디션이라고 얼마나 느꼈나요?	4	3	2	1	0
8. 당신이 통제할 수 없는 일 때문에 화가 난 경험이 얼마나 있었나요?	0	1	2	3	4
9. 어려운 일들이 너무 많이 쌓여서 극복하지 못할 것 같다는 느낌을 얼마나 경험했나요?	0	1	2	3	4

· 0~13점: 스트레스가 적절한 수준으로 삶의 활력이 될 수 있습니다.
· 14~16점: 스트레스 때문에 부정적인 영향을 받고 있는 상태입니다. 적극적인 스트레스 관리가 필요합니다.
· 17점 이상: 매우 심한 스트레스를 받고 있으므로 전문가의 도움이 필요합니다.

1. 부모와 자녀의 스트레스 뇌 구조 적어보기

현재 부모님과 자녀가 느끼는 스트레스가 무엇인지 떠오르는 대로 적어봅시다. 그리고 그 정도에 따라 우선순위를 매겨봅니다. 부모와 자녀의 뇌 구조를 살펴봄으로써, 서로 소통할 수 있는 시간을 가져봅니다.

자녀의 스트레스 뇌 구조

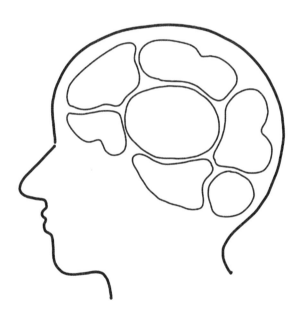

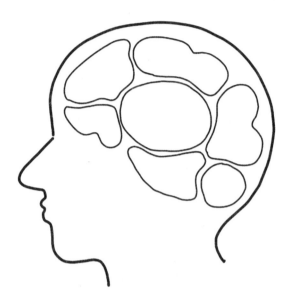

스트레스 자가 진단을 통해 여러분의 스트레스 상태는 어떠한가요? 그리고 '부모님과 나의 스트레스 뇌 구조'를 완성해 보았다면 그중 날려 보내고 싶은 스트레스를 풍선에 적어보세요. 그리고 스트레스를 적은 풍선을 신체를 활용하여 터뜨려 봅시다. 풍선 대신 종이에 직접 스트레스를 쓰고 구기거나 마구 찢어 버리는 방법도 있습니다. 아래는 스트레스 해소 유형 목록을 나열한 것입니다.

1. 과식하거나 아주 적게 먹는다.
2. 다른 사람과 문제의 해결책을 논의한다.
3. 음식을 균형 있게 먹는다.

4. 말을 많이 하거나 또는 말을 거의 하지 않는다.

5. 실패자처럼 보이거나, 실패자처럼 생각한다.

6. 여유시간을 가지려고 한다.

7. 시간이 지나면 해결될 거라고 생각한다.

8. 사람들과 어울리기보다 혼자 시간을 보낸다.

9. 다른 해결책을 찾으려고 한다.

10. 합리적인 이유보다 감정으로 해결하려 한다.

11. 자신의 한계를 인정한다.

12. 상황에 따라 바로 감정을 표현한다.

13. 문제가 닥치면 포기하고 해결책을 찾지 않는다.

14. 화를 잘 낸다.

15. 승리자처럼 보이며 승리자처럼 생각한다.

16. 담배나 알코올, 마약 등을 통해 해결하려고 한다.

17. 과장 없이 문제를 해결하려고 한다.

위의 스트레스 해소 유형 목록을 읽고 나만의 스트레스 대처 방법을 적어봅시다. 가령, 혼자만의 시간 갖기, 여행, 산책, 노래 부르기, 울기, 잠자기 등

부모의 스트레스 대처 방법	자녀의 스트레스 대처 방법

회복탄력성과 자아존중감

✦

회복탄력성이란, '바닥까지 떨어졌다가 다시 튀어 오를 수 있는 능력'을 일컫습니다. 회복탄력성이 높은 사람은 어려운 상황을 극복하고 원래 상태로 돌아갈 가능성이 높겠죠. 제2차 세계대전 프랑스 북서부의 노르망디 상륙 작전에서 큰 활약을 펼쳤던 미 육군 장군 조지 스미스 패튼은 이렇게 말했습니다.

"나는 사람의 성공을 얼마나 높은 자리까지 올랐는지를 보고 가늠하는 것이 아니라, 인생의 바닥을 쳤을 때 얼마만큼 높이 튀어 오르느냐를 보고 판단한다."

이 말이 공감되어 제 무릎을 '탁' 쳤던 기억이 있습니다.

회복탄력성의 3가지 요소

스코틀랜드의 사회복지학 교수 브리지 대니얼은 회복탄력성의 세 가지 요소를 I Have, I Am, I Can 즉 '3I'로 설명합니다.

• I Have: 무얼 가지고 있으면 회복탄력성이 높아질까요? 답은 간단합니다. 나를 좋아하고 나를 도와주는 사람입니다.

• I Am: 회복탄력성을 높이기 위해 나는 어떤 사람이 되어야 할까요? 예쁘고 멋진 사람? 공부 잘하는 사람? 착한 사람? 한마디로 요약하면 '사랑받을 만한 사람'입니다. 아주 괜찮아서 사랑받을 만하다고 이야기하는 것이 아닙니다. 나 자신과 다른 사람을 존중하는 사람이면 충분하다는 말입니다.

• I Can: 회복탄력성이 높은 사람은 무얼 할 수 있는 사람일까요? 현재의 문제를 해결할 수 있고, 자신을 조절할 수 있는 사람입니다.

위 세 가지를 자기에게 질문하고 적용해 보세요.

Q. 내 옆에는 나를 좋아하고 도와줄 수 있는 사람이 있는가?

Q. 나는 다른 사람을 존중할 줄 아는 사랑 받을 만한 사람인가?

Q. 나는 지금 닥친 문제를 해결할 수 있고 나 자신을 조절할 수 있을까?

앞의 세 가지에 대해서 대답하기 어렵다고 포기할 필요는 없습니다. 내 옆에 있는 사람은 내 마음대로 하기 어렵다고 해도, 내가 나를 '사랑받을 만한 사람'으로 보는 것, 눈앞에 닥친 문제를 해결하기로 노력하는 것, 자기 자신을 조절하고자 노력하는 것들입니다. 이 세 가지 외에 회복탄력성에 영향을 미치는 요인은 '자아존중감'입니다.

학생들을 만나면 또래 중에 인기 있는 친구들(그들 용어로는 인싸)이 눈에 띕니다. 그들은 보통 친구들과 대화가 통하고 유머 감각이 있는 친구들입니다. 이들의 특징은 다른 사람이 원하는 것을 받아들이거나 설득에 탁월함이 나타납니다. 그 원활한 소통 비결은 바로 자아존중감에서 찾을 수 있다고 생각했습니다. 자아존중감이 높은 사람은 자신의 의견을 말하는 데 주저함이 없고 다른 사람의 마음을 읽는데 뛰어나며, 그로 인해 원만한 대인관계를 유지합니다.

자아존중감이 중요한 이유

자아존중감은 '자신을 어떻게 평가하고 있는가(self-esteem)'입니다. 즉, 개인이 스스로 자신에 대해 평가하여 자신에 대해 어떻게 느끼며, 얼마나 가치 있다고 여기고, 수용할 수 있는가를 의미하지요. 자아존중감이 높아지면 다른 생활 기술도 높아져 인생의 여러 가지 문제를 건설적이고 효과적으로 해결하는 가능성도 커집니다. 또한 일상의 구체적인 문제를 해결하는 경험에서도 자아존중감이 높아진다고 학계는 보고합니다.

이렇듯 자아존중감은 흡연, 음주, 약물 남용, 폭력이나 비행 등의 반사회적 행동, 우울함이나 등교 거부 등 비사회적 행동을 포함한 여러 가지 위험 행동과 자존감 간에 관련성이 많음이 밝혀졌습니다.

따라서 자아존중감은 성공적인(?) 인생의 원인이자 결과가 될수도 있음을 암시하기도 합니다. 그러므로 사춘기 청소년들의 자존감을 높여주는 일은 자녀의 긍정적인 가치관 형성에 중요한 열쇠라고 볼 수 있습니다.

자아존중감에 영향을 미치는 요인

자아존중감은 자기 자신을 존중하고 사랑하는 마음입니다. 자신이 현실에서 경험하는 다양한 도전에 대처할 수 있다는 확신, 자신이 행복을 누릴 수 있는 가치 있는 존재라고 여기는 태도입니다.

자아존중감에 영향을 미치는 요인은 타인으로부터 받는 존중, 성공 경험, 자신에 대한 평가, 정서적 만족도, 신체에 대한 긍정적인 지각, 환경과의 상호작용에 대한 이해 등입니다. 즉, 자아존중감은 이와 같은 요인을 자주, 많이 경험할수록 높아질 수 있습니다. 예를 들면, 부모, 교사, 친구 등으로부터 존중받은 경험이 많을수록, 부모, 교사, 친구 등과 긍정적인 관계를 형성할수록, 지금 나의 외모와 신체 능력에 대해 만족스러울수록, 지금까지 스스로 잘했다고 생각하는 경험이 많을수록, 지금 나의 처지와 환경에 대한 만족스러운 느낌과 긍정적인 생각이 많을수록 높게 나타납니다.

자아존중감이 높은 것과 자신에게 관대해진다는 것

미국 노스캐롤라이나주 듀크대학의 심리학자 마크 리얼리는 연구에서 한 그룹의 사람들에게 '나는 멋지고 좋은 사람이야.'라고 반복해서 생각하게 하는 등 자존감을 끌어 올리는 연습을 시켰어요. 또 다른 그룹의 사람들에게는 '잘하지 않아도 괜찮아. 인간은 누구나 부족한 점이 있고 나도 그래.'하고 자신을 따뜻하게 받아들이는 연습을 시켰어요. 그러고 나서 실패를 경험할 때 두 그룹의 반응을 지켜보았습니다.

그랬더니 자존감을 높인 사람들은 자신의 실패에 충격을 받고 이를 잘 받아들이지 못하는 모습을 보였습니다. 예를 들어, 시험을 망쳤다고 했을 때 '나는 멋지고 괜찮은 사람이니까 내가 시험을 못 본 건 내 잘못이 아니야. 문제가 이상했거나 선생님이 잘못 가르친 거야.' 같은 사고방식을 드러냈어요. 또는 멋진 자신이 시험을 못 봤다는 충격에 사로잡혀 크게 좌절하기도 했어요. 반면 자신에게 너그러워진 사람들은 '시험을 잘 못 봤지만 괜찮아. 아쉽긴 하지만 다음에 더 열심히 공부하면 돼.'라고 생각하는 경향을 보였습니다. '나는 멋지고 사랑받을 만한 사람이야.'라고 생각하고 있다면, 그렇지 않은 현실에 부딪혔을 때 적응하기 힘들어하는 모습을 봅니다.

위 실험을 볼 때 자아존중감을 높이는 것도 중요하지만 더불어 자기 자신을 수용하고 자신에 대해 관대해지는 것도 필요합니다.

자아존중감이 높아지려면?

먼저 긍정적인 평가 주고받기입니다. 보편적으로 사람들의 지속적인 격려와 지원을 받으면 자아존중감은 높아집니다. 가족이나 친구들의 마음을 이해하고 공감하는 태도를 갖는다면 상대도 긍정적인 지지를 보내 줄 것입니다. 그리고 다른 사람과 비교하지 않고 자신의 고유한 가치를 높이 인식해야 합니다. 이 세상에 나와 같은 사람은 한 사람도 없습니다. 그러므로 우리는 모두 유일하고 소중한 존재입니다. 자기 가치에 긍정적인 의미를 부여하고 귀중한 존재임을 인식해야 합니다. 무엇보다 긍정적인 자기평가가 중요합니다. 나에 대해 잘 알지 못하는 타인들의 평가보다 나를 가장 잘 이해할 수 있는 자신의 평가가 더 중요하지요. 자신에 대한 이해를 바탕으로 나에게 맞는 목표를 세우고 노력해서 좋은 결과를 만들어 만족감을 느끼고 자신의 가치를 높이는 자세가 도움이 됩니다.

그 외의 활동으로 내게 중요한 타인으로부터 긍정적인 지지를 받도록 하고, 스스로 그 누구와도 비교하지 않고 긍정적으로 여기는 것입니다.

긍정적인 타인 평가란, 타인의 지속적인 격려와 지원을 받는 것인데, 이러한 격려와 지원을 받기 위해 나부터 가족, 친구들의 마음을 이해하고 공감하는 태도를 갖는다면 상대도 나에 대해 긍정적인 판단을 가질 것입니다. 즉 좋은 관계를 형성한다면 긍정적인 지지를 받을 것입니다.

특히 비교하지 않는 것은 개인의 고유한 가치에 대해 인정하는 것입니다. 이 세상엔 나와 똑같은 사람은 한 사람도 없는 독특한 존재이며, 나 스스로 긍정적인 의미를 부여하여 소중한 존재임을 인식해야 합니다.

또 자존감을 높이기 위해서는 '자아정체성 확립'이 무엇보다 중요합니다. '나는 어떤 사람인가?'에 대한 물음에 답하면서 자아정체성을 확립하고, '내가 무엇을 할 때 가장 즐거운가?'를 찾아서 '몰입'하는 것이 중요합니다.

행복에 미친 남자로 불리는 미국의 심리학자 칙센트 미하이 교수는 자신의 저서 『몰입(flow)』에서 스트레스를 극복하고 각자의 행복한 삶을 추구하는 방편으로 몰입 상태를 권합니다. 완전한 집중 상태에서 물 흐르듯 에너지가 흘러가고 여유롭고 편안한 마음이 되듯이 정신없이 한 가지 일에 몰입해 삼매경에 빠져보기를 권합니다.

그리고 규칙적인 운동과 매일 15~30분가량 혼자만의 시간을 갖고 명상하는 것은 교감신경의 긴장을 떨어뜨리고, 스트레스 호르몬 수치를 낮추는 효과가 커서 스트레스 해소에 큰 도움이 됩니다. 남몰래 행하는 작은 선행도 세상을 바꿀 힘이 있기에 도움이 됩니다.

1. 아래 내용을 읽고 자신의 생각과 일치하는 곳에 ○표하여 '나'의 회복탄력성을 측정해봅시다. (전혀 아니다 1점, 아니다 2점, 보통이다 3점, 그렇다 4점, 매우 그렇다 5점)

- 회복 탄력성 지수

번호	문항	점수
1	나는 목표가 정해지면 시간이 걸려도 꾸준히 해나간다.	
2	나는 한 번 시작한 일은 끝까지 해낸다.	
3	나는 한 번 실패했더라도 포기하지 않고 다시 시도한다.	
4	나는 내 감정을 잘 다스릴 수 있다.	
5	나는 기분이 나빠져도 마음만 먹으면 괜찮아질 수 있다.	
6	나는 스트레스를 받아도 짜증 내지 않고 차분한 마음을 유지할 수 있다.	
7	나는 행복한 사람이다.	
8	나의 성격은 긍정적이다.	
9	나는 내 삶이 가치 있다고 생각한다.	
10	나는 마음만 먹으면 다른 사람의 호감을 얻을 자신이 있다.	
11	나는 처음 만난 사람에게도 신뢰감을 줄 수 있다.	
12	나는 다른 사람의 마음을 잘 이해 할 수 있다.	
13	나는 어려운 일을 당한다면, 나를 도와줄 친구가 많다.	
14	나는 힘들 때 의지할 친구가 많다.	
15	심심하거나 우울한 기분이 들 때 내 이야기를 들어 줄 친구가 있다.	
16	나는 많은 사람들 앞에서 자신 있게 발표할 수 있다.	

| 17 | 나는 갑작스럽게 발표를 해야 하는 상황에서도 떨지 않고 잘 할 수 있다. | |
| 18 | 나는 친구들을 잘 설득할 수 있다. | |

총점: 점

*총점은 18~90점 사이에 분포하며 점수가 높을수록 회복탄력성이 높다.

점수의 범위	설명
47점 이하	회복탄력성이 매우 낮은 편이에요.
48점 이상 52점 이하	회복탄력성이 낮은 편이에요.
53점 이상 69점 이하	회복탄력성이 보통이에요.
70점 이상 74점 이하	회복탄력성이 높은 편이에요.
75점 이상	회복탄력성이 매우 높은 편이에요.

《출처》서울시 강서교육지원청 누리집, 회복탄력성 검사지

- 칭찬 나누기

아이와 함께 아래에 칭찬 내용을 적어봅시다.

내가 받은 기분 좋은 칭찬	
내가 받고 싶은 칭찬	

잠시 눈을 감고, 심호흡을 깊게 여러 번 합니다. 몸과 마음을 최대한 편안한 상태로 만들어 보세요. 그리고 진지하게 이게 마음의 밑바닥에서 올라온 진짜 생각인 것처럼, 아래 문장을 읽으면서 어떤 느낌인지 살펴봅시다.

"난 괜찮은 사람이야. 세상에 딱 한 사람밖에 없거든. 나는 내가 특별해서 좋아."

위의 칭찬 나누기에서 '나에게 칭찬 한마디'에 기록한

'(   ) '을 적고

문장을 읽으면서 어떤 느낌이 드는지 생각해 봅시다.

대인관계 기술

✦

　우리는 많은 사람을 만나고, 헤어지고, 다시 만납니다. 사람들을 만나면서 어떤 사람은 다시 만나고 싶고, 어떤 사람은 다시 보고 싶지 않을 때가 있습니다. 다시 만나고 싶은 사람은 어떤 사람들 일까요?

　다시 만나고픈 사람은 대인관계 기술이 뛰어난 사람이 아닐까 요. 미소 지으며 말을 예쁘게 하거나 다정했던 사람, 슬프거나 힘 들 때 함께 했던 사람, 용기와 지지를 보내 주고 소통했던 사람들 말입니다.

　대인관계 기술이란 다른 사람과의 사이에서 관계를 유지해 나 가는 것을 말합니다. 우리는 다른 사람과 함께 어울려 살아가며 친근한 대인관계를 유지하고, 서로 의지하며 사회적 또는 정신적 영향을 주고받습니다. 대인관계를 잘 유지함으로써 만족과 기쁨, 행복을 얻기도 하지만, 잘못된 대인관계 때문에 갈등과 고통, 괴로움에 빠지기도 합니다. 먼저 자신의 대인관계 능력을 알아보고 평가해 보는 것이 좋겠습니다.

– 대인관계 능력 알아보기 **함께해보기**

1) 아래 문항을 읽고 나에게 해당하는 점수를 적어봅시다.

번호	문항	매우 못함 (1점)	못함 (2점)	보통 (3점)	잘함 (4점)	매우 잘함 (5점)
1	여러 사람들과 잘 어울린다.					
2	일을 할 때 타인의 상태, 기분, 감정을 살핀다.					
3	행사나 활동에 자발적으로 참여한다.					
4	도움이 필요한 사람을 도와준다.					
5	필요할 경우 내 주장을 잘 말할 수 있다.					
6	가족들과의 관계가 원만하다.					
7	타인의 접근이나 타인과의 대면을 불편해 하지 않는다.					

8	타인과 협동하여 일처리를 한다.				
9	타인과 갈등이 생기면 대화로 잘 푼다.				
10	타인을 속이거나 거짓말을 하지 않는다.				
11	타인이 나의 잘못을 지적하면 수용하고 고치려고 노력한다.				
12	타인의 잘못을 지적할 때 기분을 고려하여 말한다.				
13	타인이 이야기를 할 때 경청을 잘한다.				
14	타인과 이야기할 때 몸짓과 표정이 자연스럽다.				
15	타인의 물건을 사용할 때는 먼저 허락을 받는다.				
16	어른을 공경하고 예의 바르게 행동한다.				
17	대화를 할 때 시선을 마주치거나 얼굴을 보며 말한다.				
18	속도를 적절하게 조절하여 말한다.				
19	목소리의 크기를 적당하게 조절하여 말한다.				

20	대화를 할 때 억양이 자연스럽다.					
21	말이 너무 많지도 적지도 않고 적절하다.					
22	자신의 생각을 조리 있게 말한다.					
총점		점				

· 100점 이상: 대인관계 능력이 매우 우수하다.

· 80점 이상: 대인관계 능력이 우수하다.

· 65점 이상: 대인관계 능력이 보통이다.

· 50점 이상: 대인관계 능력이 낮다.

· 50점 미만: 대인관계 능력이 매우 낮다.

2) 결과를 보고 자신이 보완해야 할 것은 무엇인지 생각해 보고 적어봅시다.

대인관계 능력을 키우려면 어떻게 해야 할까요? 대인관계 기술의 주요소, 효과적인 의사소통 기술인 언어적 의사소통 · 비언어적 의사소통, 경청과 공감 나-전달법 등에 대해 알아보겠습니다.

의사소통 기술

주변을 둘러보면 사람과의 관계 안에서 외로움을 느끼거나 억울해하거나, 박탈감을 느끼며 힘겨워하면서도 이를 평화롭고 바르게 의사를 표현하여 갈등과 문제를 해결하지 못하는 이들이 의외로 많음을 봅니다. 이렇듯 대인관계에 다소 서툰 이들에게는 의사소통 기술이 필요합니다.

한국 축구의 레전드 차범근 감독은 항상 새 지폐 1천원 권을 준비해 두고 택배나 배달 기사 등이 찾아올 때마다 음료 한 잔 사드시라며 1장씩 손에 쥐어준다고 합니다. 비록 1천 원이 큰돈은 아니지만 그분들의 작은 수고에 감사의 마음을 전하는 태도를 보면서 어쩌면 타인과의 소통은 이렇게 시작되는 것이 아닐까요.

언어적 의사소통은 말, 글 등으로 표현되며, 인간이 사용하는 전체 의사소통은 인간이 사용하는 전체 의사소통 가운데 아주 작은 부분에 지나지 않으며 각자의 언어에 대한 이해, 그 사용 방법, 정서적 상태 등에 따라서 같은 단어일지라도 얼마든지 다른 의미를 전달할 수 있습니다.

미국 캘리포니아대학교 심리학과 앨버트 메라비언 교수는 1971년 그의 저서 『침묵의 메시지, Silent Messags』에서 '메라비언 법칙'에 대해 발표했습니다. 이는 어떤 사람이 말할 때, 그로부터 받는 인상은 자세와 용모, 복장, 제스처(Body Language)가 55%, 목소리 톤이나 음색(Voice Tones)이 38%, 말(Spoken Language) 7%의 중요도를 갖는다는 내용입니다.

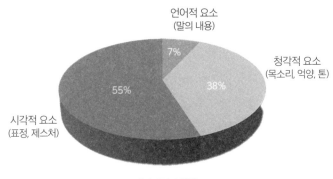

메라비언의 법칙

이 주장에 따르면 '내용'은 중요도란 면에서 고작 7%가 영향을 받는다고 합니다. 나머지 93%는 이미지가 좌우한다는 것인데, 즉 이미지가 말이나 글보다 강하고 몸이 입보다 더 많은 메시지를 전달한다는 것이지요. 언어 이외의 모든 의사소통 수단을 포함하게 되므로 실질적으로 아주 광범위한 의사소통 수단을 포함하게 됩니다.

또 언어적 의사소통과 비언어적 의사소통이 일치하는 것이 중요합니다. 즉 언어와 신체 언어가 일치해야 한다는 것으로 예를 들어, "괜찮아."라고 말하면서 얼굴은 화가 나 있다면 듣는 사람은 절대 "괜찮아."로 들리지 않겠지요.

경청

『데일 카네기 인간관계론』에서 〈사람들의 호감을 얻는 6가지 방법〉 중 대화를 잘하는 사람이 되려면 "잘 들어주는 사람이 되어라. 상대가 자기 자신에 관해 이야기하게 하라"(규칙 4)고 제시합니다. 그리고 진심으로 경청하는 태도는 우리가 다른 사람에게 하는 최고의 찬사 가운데 하나라고 말합니다. 건강하고 올바른 인간관계를 위해 경청은 아무리 강조해도 지나치지 않은 태도입니다. '경청'이란 상대방의 말을 듣는 것뿐만 아니라 상대방의 비언어적 의사소통까지 보고, 이해하려는 노력을 포함합니다. 우리 몸에 입이 하나고 귀가 두 개인 이유가 어쩌면 많이 듣고 적게 말하라는 의미는 아닐까 생각합니다. 그만큼 경청은 우리가 애써 노력해야 할 관계의 태도입니다.

적극적인 경청을 위해 필요한 요소는 어떤 것들이 있을까요.

집중해서 듣는 것. 대화하는 상대와 적절한 거리를 두고 눈을 마주치며 편안한 자세로 상대방 쪽으로 몸을 기울이고 고개를 끄덕이면서 듣습니다. 이는 비언어적 의사소통 반응입니다.

바꾸어 말하는 방법. 상대가 말한 것을 요점만 간추려서 반복하

여 말해줍니다. 예를 들면,

상대: ~~~~그러더니 또 말을 바꾸는 거야. 계속 이랬다가 저랬다가 해서 혼란스러워.

나: 아. 그 사람이 너를 혼란스럽게 하는구나.

명확히 하는 것. 잘 이해되지 않을 때는 질문합니다. 예를 들어, 확실히 이해를 못 했는데 다시 이야기 해줄래? 좀 더 자세히 이야기 해줄래.

확인하기. 상대방의 말을 정리해서 물어봄으로 서로 같은 내용으로 이해했는지 확인합니다. 예를 들어, 네 말은 ○○○ 이란 뜻이야?

얼마 전, 코로나19로 인해 '사회적 거리 두기'를 경험하면서 주로 SNS로 소통하는 것이 필수인 시대를 살았습니다. SNS로 '듣는 힘'이 중요한 시대를 살고 있는 셈이지요. 그로 인해 전화 대신 문자나 카카오톡, 밴드 등의 메신저가 새로운 의사소통 수단으로 쓰이고 있습니다. 특히 휴대폰으로 통화하는 것보다 SNS를 이용하는 사람들이 늘고, 이들의 장점은 전화처럼 상대방의 시간을 신경쓸 필요가 없다는 점입니다. 즉, 상대방이 편하게 읽을 수 있다는 점에 있습니다. 또 신기하게도 이야기하는 것보다 더 진정한 자신의 모습을 드러낼 수도 있습니다. 얼굴을 보여주는 것도 아니고 말투나 목소리 등을 신경 쓸 필요가 없어 커뮤니케이션을 위한 심리적 스트레스가 적기 때문입니다. 물론 이런 SNS에서도 '듣는' 기술은 존재하지만요.

먼저 이런 SNS를 통해 메시지를 자주 보내는 사람은 어떤 사람일까요? 휴대폰 메시지를 보내는 사람은 이야기를 들어주길 바라는 사람 즉, 휴대폰으로 메시지를 자주 보내는 사람은 타인이 친절하게 대해주기를 바라는 마음을 가진 사람이라는 것이지요. 그 때문에 보내는 상대에게는 외로운 이야기나 괴로운 체험, 고민거리 등을 늘어놓습니다. 그렇게 함으로써 답장에 마음을 달래주는 말을 기대할 수 있기 때문이지요.

따라서 그런 메시지를 받았을 때 '그런 걸로 고민하니?'라는 식의 매정한 대답은 바람직하지 않습니다. '힘들었겠다.' 등 상대방을 상냥하게 달래주는 대답이 좋습니다. 또 실제로 만나서 이야기를 들으면 상대방의 표정이나 목소리를 통해 감정을 알 수 있지만, 오로지 말로만 하는 의사소통이기 때문에 감정이 정확하게 전해지지 않을 때가 있어요. 그 때문에 멋대로 행간을 읽어 상대방의 기분을 살피려고 하는데, 그것은 실수의 원인이 되므로 하지 않는 게 좋습니다.

반대로 답장에 따라서 상대가 당신의 감정을 지나치게 읽을 수도 있습니다. 따라서 상대방이 지나친 해석을 할 만한 애매한 문장은 오해를 부르는 원인이 되므로 피하는 것이 좋겠지요. 마찬가지로 상대방의 표정을 읽을 수 없는 만큼 상대방의 기분을 알 수 없어 말투가 일방적이거나 자기 이야기만 쓰기 쉽습니다. 보내기 전에 수정할 수 있는 것도 메시지의 좋은 점입니다. 자신의 표현이 일방적이지는 않은지 보내기 전에 확인하는 습관도 좋습니다.

이러한 휴대폰을 이용한 SNS 메신저들은 편리하지만 이것만으로 인간관계가 성립되기는 쉽지 않습니다. 진정한 치유나 관계는 실제로 만나 터놓고 이야기함으로써 만들어지니까요.

이렇듯 '의사소통'은 사람들 사이에서 언어나 다른 방법으로 그들의 의사, 정보, 감정, 태도, 신념을 전달하고, 반응을 얻으면서 서로 의미를 공유하는 과정입니다. 또 중요한 것은 공감하여 듣는 것이 중요합니다.

공감

공감이란 자신이 직접 경험하지 않고도 다른 사람의 감정을 거의 같은 내용과 수준으로 이해하는 것입니다. 공감을 통해 자신이 이해받고 있다고 느끼면 상대방을 보다 신뢰하게 되어 자신을 깊이 드러내게 되며, 공감을 통해 더욱 친밀한 관계로 발전하는 것이 인지상정입니다. 예를 들면, "아, 네 입장에서 생각해 보니, 정말 서운했겠네.""그랬구나. 네 말을 들으니 얼마나 기분 좋았을지 느껴진다.""내가 너였어도 정말 속상했겠다." 등으로 표현할 수 있습니다.

공감은 동정이라는 감정과 달리 타인의 감정에 참여하는 것을 넘어 함께 느끼는 것입니다.

· '충고·조언·평가·판단'하지 않는 공감

정신과 의사 정혜신의 『당신이 옳다』를 읽고 막연하게 생각했던 '공감'에 대한 정리가 되는 것 같았습니다. 특히, 정서적으로 불안한 상태를 경험하는 모든 사람이 정신의학과 상담 없이도 그 정서적인 상황에서 벗어나는가 하면 투약을 하고 진료를 하지만 여전히 불안함에 어쩔 줄 몰라 하는 상황을 봅니다. 두 사람을 가만히 들여다보면 상처가 드러날 때 공감을 받은 사람과 받지 못한 사람이 아닐지 하는 생각이 듭니다. 상처가 드러날 때 공감은 상처에 연고를 바르는 것과 같기 때문이지요.

저자는 '상처가 드러날 때 상처를 치유해 주는 공감'이란 '충 · 조 · 평 · 판하지 않는 공감'일 때 비로소 그 진가를 발휘할 수 있다고 말합니다. '충 · 조 · 평 · 판하지 않는 공감'이란 즉, 충고, 조언, 평가, 판단하지 않는 공감을 말합니다.

충 · 조 · 평 · 판의 공감은 자칫 2차 가해가 될 수 있습니다. 저 또한 상대방이 마음을 열고 상처를 내보일 때 "그건 너를 위해서 한 거지.", "에이 똑똑한 사람이 왜 그래." 등 충고하고 조언하려고 했던 적이 있습니다. 상대방이 상처를 드러낼 때 내 자신의 옳음을 드러내려 했고, 먹먹한 마음을 드러내기보다는 바람직한 모습으로 조언하려 했던 기억들이 떠오릅니다.

그때로 돌아가 그 사람 자체인 존재와 만나 충·조·평·판하지 않았더라면 그 사람에게 심리적 CPR(심폐소생술)을 통해 마음의 평안을 주고 좀 더 자유로워질 수 있도록 하지 않을까 하는 아쉬움이 남습니다. 앞으로 어떤 사람과 깊은 존재로 마주할 때 충·조·평·판하지 않는 '심리적 CPR'을 할 수 있는 사람이 되고 싶습니다.

'심리적 CPR'은 심장과 호흡이 멈춘 사람에게 심장을 압박하여 심장이 다시 움직이도록 돕고, 폐에 호흡을 불어 넣어 심장과 폐를 소생시키듯이 마음이 아파 응급상황에 있는 사람에게 충·조·평·판하지 않고 그 사람에게 깊이 공감하는 것입니다.

저자의 말처럼 문득 심리적 CPR을 행하지 않으려면, 먼저 상처 주지 않고 존중해 주는 의사소통 기술이 필요하리라 생각합니다. 그런 측면에서 '나 전달법'은 이러한 의사소통 기술이라고 볼 수 있습니다.

· 나 전달법

'나 전달법(I-Message)'은 나를 주어로 하는 전달법을 말합니다. 이는 미국의 심리학자 토마스 고든(Thomas Gordon)이 고안한 의사소통 방법으로 '나'를 주어로 하여 느낌이나 생각을 솔직하게 표현함으로써, 상대방을 배려하면서 나의 생각을 전달할 수 있는 효과적인 대화법입니다.

'나 전달법'의 구성요소는 ① 문제가 되는 상대방의 행동에 대한 사실 묘사(네가 약속 시간을 지키지 않아서) ② 상대방의 행동이 나에게 미치는 영향 (조별 과제를 할 시간이 부족해) 상대방의 행동으로 느끼는 나의 감정(과제를 제시간에 못 할까 봐 걱정도 되고 화가 나!) ④ 상대방의 해주기 바라는 사항(그러니 조별 시간에 늦지 않았으면 좋겠어)으로 이루어져 있습니다.

이렇듯 '나 전달법' 의사소통 유형으로 말할 때 상대방과의 원만한 관계를 유지하면서 자신이 바라는 목적도 달성할 수 있습니다. 특히 거절해야 할 상황이라면 자기주장적 의사소통 방법이 유용하게 활용될 수 있습니다. 이때, 상대방의 기분을 상하게 하지 않으면서 당당하게 거절 의사를 표현하는 것을 '자기주장적 거절하기'라고 합니다.

일상생활 속에서 우리는 자기 의사나 마음을 분명하게 표현하기 곤란한 상황에 부딪힐 때가 많습니다. 이런 상황이 발생했을 때 효과적인 의사소통 기술을 적용하여 자신의 마음을 표현할 수 있도록 하는 훈련이 필요합니다. 효과적인 의사소통을 위해서는 상대방의 말을 잘 경청하고, 공감하며, 상대방의 기분을 배려하면서 자신의 욕구, 감정, 생각 등을 솔직하게 표현하는 자기주장적으로 이야기하는 기술이 필요합니다. 또한 거절해야 할 상황에서는, 효과적인 거절 기술을 사용하여 나의 욕구도 채우고 상대방과 원만한 관계를 유지해야 합니다.

반면에 '너-전달법'이란 느낌을 자신에게 두지 않고 상대방에게 전가하는 방식으로 진술하는 것을 말합니다. 아래는 두 가지의 비교 예입니다.

종류	나 전달법	너 전달법
표현	· 오기로 해놓고 아무 연락 없이 오지 않아 무슨 일이 생긴 건 아닌지 무척 걱정했어. · 내가 기다리는 것을 알면서도 연락을 안 해주어 나를 배려하지 않는 것 같아 섭섭한 생각이 들었어.	· 정말 너무하는구나. 전화 한 통화도 안 하고. · 다시는 너랑 약속 안 할 거야. · 나를 무시하는 거니?
보기	상황-결과·느낌	비꼬기, 지시, 교화, 비판, 평가, 경고
나의 내면	걱정, 섭섭함	걱정, 섭섭함
상대의 해석	나를 걱정했구나. 연락을 안 해주어 섭섭했구나.	내 생각은 전혀 생각 안 해 주네. 나를 나쁜 사람으로 보는군.
개념	'나'를 주어로 하는 진술	'너'가 주어가 되거나 생략된 진술

【카멜레온 효과】

1999년 뉴욕대학 심리학자 타냐 차트랜드와
존 바르 교수는 '말 이외의 무언가가 호감도
를 결정할 수 있다.'는 가설을 세우고 이를 증명하기 위한 실험을
합니다. 이 실험은 잘 알려진 '카멜레온(chameleon effect) 효과'

실험입니다. 차트랜드는 남녀 대학생 78명을 참가자로 모집하여 다음과 같이 말합니다.

"이 실험은 사람들이 사진을 보고 어떻게 묘사하는지 방법을 알아보는 실험입니다. 실험이 시작되면 두 명씩 짝을 지어 서로에게 각각의 사진을 말로 표현해 주세요. 15분을 드리겠습니다."

그런데 참가자 78명이 대화할 상대는 따로 있습니다. 여성 실험보조원 4명이지요. 이 실험 보조원들은 모두 특별한 훈련을 받았습니다. 특별한 훈련이란 '상대방 복사하기'입니다. 이들은 다리를 꼬거나, 손으로 얼굴을 긁거나, 몸이 왼쪽으로 기울어지는 등 상대방의 행동을 관찰해 은근슬쩍 자연스럽게 복사하는 훈련을 받았습니다. 이제 78명은 두 그룹으로 나뉘어 실험을 합니다.

A그룹 실험에서는 연기자가 특정 행동을 하게 합니다. 얼굴을 문지르거나 발을 떨게 한 것이죠. 그랬더니 참가자들도 얼굴을 문지르고 발을 흔들어 대는 것을 확인했습니다.
B그룹 실험에서는 반대로 연기자가 참가자들의 행동을 자연스럽게 모방하도록 지시했는데요. 그 결과, 참가자들은 자신의 행동을 모방한 연기자에게 더 끌리는 경향을 보였습니다. 참가자들은 중립적인 태도를 보였던 연기자보다 자신의 행동을 모방한 연기

자와 더 적극적인 상호작용을 했다고 답한 것이지요.

이 실험을 통해서 대화 중 호감도를 높이는 방법은 '말, 유머 감각, 예쁨, 잘생김'만이 아니라는 것을 말해줍니다. 나와 상대방이 비슷하다는 느끼게 하는 것만으로도 상대방에게 호감을 줄 수 있습니다.

카멜레온은 빛의 강약과 온도에 따라 자기 몸 빛깔을 변화시키는 파충류입니다. 카멜레온 효과는 가까이 있는 사람의 행동에 맞춰 나의 행동을 바꾸기도 한다는 심리학 용어입니다. 가령, 오랜 시간을 함께한 연인이나 부부를 보면 주변에서 닮았다는 말을 건네기도 합니다. 사실 오랜 시간을 함께하다 보면 상대방의 말투나 행동, 표정 등을 흉내 내기도 하는데 그로 인해 인상까지 닮게 되는 것과 비슷하여 '부부는 서로 닮는다'는 말이 속설만은 아닌듯 합니다.

· 분석적 공감과 본능적 공감

미국에서 120만 부가 팔린 베스트셀러 『권력의 법칙』(The 48 Laws of Power)의 저자 로버트 그린은 공감을 두 종류로 구분합니다. 즉 분석적 공감과 본능적 공감이 그것입니다.

분석적 공감은 상대방을 분석하는 공감 능력입니다.

저 사람은 어떤 사람인가, 상대의 강점은 무엇이고, 약점은 무엇인가, 어떤 부분에서 두각을 나타내고 어떤 부분에 취약한가. 이를 토대로 각 사람에 맡는 업무 분장을 할 수도 있고, 저 사람은 내가 이런 말을 하면 이런 반응을 보이겠구나 하는 커뮤니케이션 영역에도 활용할 수 있습니다.

반면, 본능적 공감은 상대가 느끼는 것을 본능적 느낌으로 아는 것을 의미합니다. 상대의 표정, 제스처, 목소리의 톤을 듣고 본능적으로 '아~ 저 사람이 지금 어떤 상태겠구나.' 하고 상대의 감정을 오롯이 느끼게 되는 공감을 말하죠. 분석적 공감이 감정이라기보다는 논리의 영역으로 느껴진다면 본능적 공감은 좀 더 기초적이고 인간적 느낌이 드는 공감입니다.

· 본능적 공감의 예

모 예능 TV 프로그램에서 유명 연예인 A씨가 한때 너무 힘든 시기를 보내던 중 연예계 선배 B씨에게 전화를 걸어 면담 요청을 했던 일화를 이야기했습니다. 평소 연락을 나누거나 왕래도 없었던 사이였음에도 흔쾌히 수락해 갑작스레 그의 집 앞으로 찾아가게 되었습니다. 그는

A: 제가 할 말이 많아요. 그런데 아무도 내 얘기를 안 들어주네요. 그래도 선배님은 국민 MC니까 제 얘기도 한 번 들어 주세요.

B: 그래 A야, 잘 찾아왔어. 나도 네 얘기를 너무 듣고 싶었어.

A씨가 가슴 속 말들을 다 털어놓을 때까지 중간에 단 한 번도 말을 끊지 않고 끝까지 듣고 나서는 "그래. 내가 네 상황을 다 이해한다는 말은 못 하겠다. 감히 내가 어떻게 네 얘기를 다 이해할 수 있겠니. 얘기할 게 없다."라며 우산도 없었던 A씨에게 우산을 씌워주며 큰길까지 나와 택시를 손수 잡아주고는 지갑에 있는 돈을 모두 건네며 "차비하고 남은 돈은 어머니 용돈 드려라."라며 배웅해 주었다고 합니다.

아무런 충고나 조언 없이 들어주기만 했던 B 선배와의 대화 속에서 A씨는 힘을 얻고 큰 위로를 받았다고 합니다. B 선배는 예측하셨겠지만 국민MC라고 불리는 개그맨 유재석 씨입니다.

분석적 공감만 있는 것도, 본능적 공감만 있는 것도 건강한 조직구성원의 모습은 아닙니다. 두 가지가 적절히 혼재되어 있어야 합니다. 본능적 공감만 있으면 무능해집니다. 모든 사람을 다 만족시키는 선택은 없는데, 모두 다 배려하다 보니 우유부단해지고 올바른 결정을 못 합니다. 반면에 분석적 공감만을 한다면 자신도 모르게 그에게 이용당하고 있는 주변 인물이 생길 수 있습니다. 상대의 약점을 파악하여 이에 대한 공포심을 조장하여 움직이게 만들면서 결과적으로 자신에게만 유익한 결정을 내리는 누군가가 주변에 있으니까요.

그리고 분석적 공감만을 하거나 본능적 공감만을 하는 사람을
만나게 되면 우리는 그에 맞는 적절한 처세와 인간관계 스킬을 통
한 대처가 필요합니다.

부모가 건강하면 아이도 건강하다

✦

부모가 행복하면 아이도 행복하다.

부모가 건강하면 아이도 건강하다.

삶의 질서는 반드시 위에서 아래로만 흐르는 것일까요? 꼭 그렇지만은 않지만 위의 말에 깊이 공감 가는 이유는 뭘까요? 저는 학교에서 아이들 중에 부모님이 우울증이나 알코올 의존증 같은 마음의 병을 안고 살아갈 때 그것이 아이들 삶에 많은 영향을 끼치고 있는 경우를 제법 보아왔습니다. 일본의 상담심리사 히시가이 코지는 그의 저서 『아직도 당신의 머릿속에는 부모가 산다』에서 "인생의 모든 문제의 뿌리에는 결국 부모가 있다"고 말합니다. 핵심은 '머릿속 부모 바로잡기'입니다. 그는 수많은 내담자를 만나면서 똑같은 문제가 반복되어 찾아오는 사람 대부분은 머릿속 부모에게 휘둘리고 있다는 것을 발견했다고 합니다. 결국 부모는 거의 모든 고민의 뿌리인 셈인 것이죠. 이 대목에서 우리를 성찰케 하는 것은 무엇일까요? 청소년기 우리의 자녀들이 자라감에 있어 부모의 삶, 즉 행복과 건강, 교육이 참 중요하다는 것을 새삼 느끼게 합니다.

불안한 부모가 불안한 아이를 만든다

살면서 불안의 감정을 느껴보지 않은 사람은 없습니다. 우리는 현실에서 위험한 상황에 놓일 때 불안을 느끼게 됩니다. 그리고 자신을 보호하기 위한 준비를 합니다. 적당한 불안은 일상생활에서 적응 능력을 높이기도 합니다. 적당히 불안하면 함부로 덤벼들지 않고, 약간 긴장한 상태에서 거리를 두고 지켜보면서 자신을 효과적으로 보호할 수 있기 때문입니다. 불안은 자신이 처한 상황에서 좀 더 안전한 방향으로 문제를 해결해 나갈 수 있습니다. 하지만 지나친 불안은 현실적으로 위험이 전혀 없는 상황이나 대상에 대해서도 예민하게 반응하거나 일상생활을 하는데 지나치게 반응하여 부적응을 낳기도 합니다.

이러한 불안이 지나친 사람이 자녀를 양육한다면 어떤 일이 생길까요?

불안이 지나친 사람은 아주 특징적이고 공통적인 방어기제를 쓰는 것을 봅니다. 이들은 불안이 느껴지면 지나치게 경계하고 긴장하거나, 상대를 사납게 공격합니다. 때로는 똑 부러지다 못해 너무 단호하게 회피하고 숨어버리는 행동까지 합니다.

부모가 불안이 심할 경우에도 마찬가지의 방어기제가 나타납니다. 그리고 그 방어기제는 '과잉 개입' '과잉 통제'라는 잘못된 양육 방식을 갖게 됩니다. 과잉 개입은 아이의 일에 지나치게 개입하는 것으로 대표적인 행동이 '잔소리'로 나타나는 것을 볼 수 있습니다. 과잉 통제는 지나치게 무섭고 엄격한 규칙을 만들어 아이를 통제하는 것을 말합니다. 과잉 개입은 주로 걱정이 많은 엄마들이 많이 하는 양육 방식이고, 과잉 통제는 불안을 무관심으로 표현하는 아빠들이 주로 보여주는 양육 방식으로 나타납니다.

상담했던 부모님 중에 과잉 개입하시는 분을 만난 적이 있습니다. 어머니가 불안하기 때문에 아이를 늘 준비시키고 아이가 자기 생각과 추측대로 움직여 주기를 원하는 것을 느꼈습니다. 자녀가 생각대로 움직여 주지 않으면 무척 불안해합니다. 그러다 보니 끊임없이 아이를 채근합니다. 아이와 함께 외출 계획이 있으면 자신이 생각한 대로 움직여야 하므로 따라다니며, "일어났니?, 옷은 입은 거야? 빨리 좀 해. 늦었어."라며 잔소리를 늘어놓습니다. 그러면 아이는 '아, 시끄러워. 내가 알아서 하는데.'라는 생각을 합니다. 이렇게 과잉 개입하는 엄마는 자신이 생각한 대로 아이가 움직여 주어야 하므로 자율성을 침해하고 맙니다. 이런 어머니는 아이가 스스로 숙제하고, 준비물을 챙겨 놓으면 아이가 잠을 자는 동안 잘했는지 체크합니다. 이는 아이가 불안해서 하는 행동이 아니라 자신이 불안해서입니다.

이렇듯 지나치게 과잉 개입 속에서 자라난 아이는 진취적이거나 위기에 대처하는 법을 배울 수 없습니다. 아이가 그러한 경험을 해볼 수 없기 때문입니다. 아이는 살아가면서 위기에 접할 수 있고 해결해야 할 상황이 오기 마련인데, 지나친 과잉 개입은 자녀에게 위기 대처 능력을 기를 수 있는 경험을 미리 차단해 버리기 때문입니다.

과잉 통제하는 아빠의 경우, 겁이 많고 나약하며 세상에 대해 불안을 느끼는 경우가 많습니다. 어쩌면 자신의 모습을 들키지 않기 위해 가부장적이고 엄격한 모습을 취하는지도 모르겠습니다. 가부장적인 아빠들의 경우 생각 외로 불안의 정도가 높은 사람이 많습니다. 자녀에게 엄격하게 행동함으로써 불안을 상쇄하는 것이지요. 자신이 힘 있는 사람처럼 보이기 위해 아이들에게 친밀하고 다정한 행동을 하지 않습니다. "우리 아들 멋진데!"라고 말하는 것이 왠지 약한 사람처럼 보여 칭찬도 절제합니다. 엄하고 무섭게 대할 필요가 없는데, 아이에게 설득하거나 설명하는 대신 강압적인 태도를 취하는 것이지요. 이러면 아이는 자존감이 떨어지고, 자율성을 발달시키지 못하게 됩니다. 기가 죽어 있다는 말이 이런 경우가 아닐까요. 그러면서 아빠를 두려워하지만 마음으로는 분노가 쌓이게 됩니다. 하지만 아빠가 무서워 화를 내지는 못하고 겉과 속이 다른 마음으로 혼란을 느끼며 매사 불안해하는 행동을 보이게 되는 것이지요. 제가 만났던 한 청소년은 마음에 쌓인 분노를 참지 못해 책상을 '쾅쾅' 치는 것으로 분노를 삭이는 것을 본 적 있습니다. 과잉 개입하는 엄마의 불안은 아이를 더 불안하게 만들고, 과잉 통제하는 아빠의 불안은 아이를 불안하게 만들어 관계를 멀어지게 만듭니다.

부모의 자존감 상태 파악하기

앞서 불안한 부모는 아이에게 과잉 개입하거나 과잉 통제를 하는 경향이 있음을 살펴보았습니다. 그러므로 부모의 정서적 안정감이 중요하지 않을 수가 없습니다. 부모의 정서적 안정감은 자존감과도 관련이 있습니다. 자존감의 기본적인 정의는 '자신을 어떻게 평가하는가'(self-esteem)입니다. 곧 자신을 높게 평가하는지 또는 낮게 평가하는지에 대한 수준을 의미하는 것이지요.

자존감은 세 가지로 달리 표현하기도 합니다. 즉 자기 효능감, 자기 조절감, 자기 안전감입니다.

먼저, '자기 효능감'이란 자신이 얼마나 쓸모 있는 사람인지 느끼는 것을 의미하는데, 사회에서 명망 있는 직업을 갖거나 직장에서 능력을 인정받으면 당연히 자존감이 높을 것으로 생각하는 경향이 있습니다.

둘째 '자기 조절감'은 자기 마음대로 하고 싶은 본능을 의미합니다. 이것이 충족돼야 자존감도 높아지지요. 명문 대학을 나온 사람이 그렇지 않은 사람보다 자존감이 당연히 높을 것으로 생각하기 쉽습니다. 하지만 시골에서 여유 있게 사는 사람보다 자존감이 떨어지는 경우도 많습니다. 이는 자기 조절감이 부족한 경우라고 볼 수 있습니다.

셋째 '자기 안전감'은 자존감이 바탕이 됩니다. 물질이나 명예든 가진 것이 별로 없어도 자존감이 높은 사람들이 있습니다. 이들은 안전하고 편안함을 느끼는 능력이 다른 사람들보다 뛰어납니다. 트라우마가 해결되지 않았거나 애정 결핍이 지속되는 데 안전하다고 느끼는 사람은 없을 것입니다.

위에서 살펴본 바와 같이 자신이 쓸모 있다고 생각하고, 자기 조절감을 갖추고 있고 자신의 마음 상태가 편안해야만 자녀를 건강하게 양육할 수 있습니다.

자신과 친구 되기

다음의 표에서 나에게 해당하는 내용이 있는지 체크해 봅시다. 해당사항에 체크해보세요.

내용	체크
퇴근(일과) 후 사람과 연락하는 횟수가 적다	
일상에서 즐거움을 느끼지 못하다	
집에 혼자 있는 시간이 많다	
몸이 아파도 귀찮아서 병원에 가지 않는다.	
청소를 하지 않아서 방이 항상 지저분하다	

　자신에게 해당하는 내용이 있나요?

　중국의 심리상담 플랫폼인 레몬 심리의 『기분이 태도가 되지 않게』의 책을 통해 이 체크리스트는 게으른 사람들의 특징 같지만 이는 자기 자신을 방치하고 무시하는 사람에게 나타나는 특징이라고 밝히고 있습니다. 혹시 자신에게 위의 내용이 체크된다면 무기력 상태가 아닌지 생각해 봅시다. 무기력 상태에 빠지게 된다면 감정이 무뎌져서 다른 사람과 관계를 맺기도 어려워집니다.

　이러한 상태를 벗어나려면 자기 자신에게 호기심을 갖는 것이 중요합니다. 내가 무엇을 좋아하는지 무엇에 관심 있는지 마음을 들여다보는 것은 어떨까요? 친해지고 싶은 사람에게 말을 걸어보듯이 자신에게 말을 걸어보는 것은 어떨까요?

　어느 날 자녀가 몹시 우울해하고 스트레스를 받은 것 같다면, 무슨 일인지 걱정될 것입니다. 그럴 때 자녀의 이야기를 들어주고 싶고 도와주고 싶을 것입니다. 그런데 왜 나 자신에게는 그러하지 못할까요? 나에게 무슨 일이 있었는지, 내 마음 상태가 왜 이런 기분이 드는지 마음을 들여다봅시다. 나 자신을 챙기는 첫걸음이 되었으면 좋겠습니다.

　그리고 자신이 꿈꾸었던 자신의 가치관은 어땠는지 점검해 보는 것은 어떨까요? 스스로 중요하다고 생각했던 것들에 대해 다시 생각해 보면 자기 내면을 튼튼하게 하고 자신의 마음을 견고히 할 수 있습니다. 자신이 원하는 가치관대로 사는 것은 삶의 원동력이 될 수 있습니다. 유행에 흔들리지 않는 자신만의 가치관과 스타일을 점검해 보세요. 혹시 자신이 생각하는 스타일의 패션이 있다면 다시 한번 그 모습을 만들어 보세요. 내가 입고 싶은 옷을 입어 보는 것, 헤어스타일을 만드는 것, 취미 생활을 하는 것도 자신의 친구가 되는 방법이 될 것입니다. 이렇게 자신의 친구가 되는 것은 자녀를 위한 것이 될 것입니다.

자녀의 마음 건강은 부모의 마음 건강과 내면의 단단함에 영향을 끼칩니다. 자기 삶에 대해 긍정적인 마음을 가지고 자신과 친구가 되어야 합니다. 자신을 사랑하고 홀로 설 수 있는 건강한 사람이 되어야 합니다. 스스로 몸과 마음의 건강을 위해서 노력해야 합니다. 부모 자신이 아프고 마음이 평안하지 않은 상태에서 자녀에게 건강을 기대해서는 안 됩니다. 무엇보다 자신을 사랑하고 존귀한 존재임을 늘 기억하는 것이 좋습니다. '언제나 나 자신과 친구 되기'를 잊지 않았으면 좋겠습니다.

"나는 늘 왜 그럴까. 일을 망친 게 한두 번이야?" 대신

"다음에는 잘할 수 있을 거야. 그러니 힘을 내,"라고 이야기해 보세요.

가족이나 친구에게 대하듯이 자신의 좋은 친구가 되는 방법을

배워야 합니다. 자신의 마음을 자신이 잘 알아주어야 합니다. 내가 아니면 누가 나를 챙길 수 있을까요?

함께해보기

나의 얼굴을 자세히 관찰하고 아래 네모 칸에 그려봅시다. 그리고 자신에게 말을 걸어보는 대화 글을 적어봅시다.

자녀와의 관계 점검하기

　부모와 자녀와의 관계가 중요하다는 사실은 누구나 알고 있습니다. 물론 사람과 사람 간의 관계도 두말할 필요가 없습니다. 저의 책 『십대들의 중독』에서도 언급했듯이 자녀와의 관계는 '신뢰'를 바탕으로 합니다. 자녀와의 관계에 있어서 신뢰가 형성되어 있을 때 자녀는 정서적인 문제나 위기 상황에 처했을 때 망설임 없이 부모에게 말할 수 있습니다. 상담을 통해 학생들을 만나다 보면 부모님을 어렵고 두려운 존재로 여겨 고민이 있어도 좀처럼 말하지 못하는 것을 봅니다. 또한 "부모님께는 비밀로 해주세요."라며 조건을 다는 경우가 많습니다. 이러한 것을 보면서 부모와 자녀와의 관계는 무엇보다 어떤 상황에서든 신뢰할 수 있는 관계를 유지하는 것이 중요하다고 생각합니다.

　부모는 자녀의 가장 중요한 역할 모델입니다. 그들은 관심 없는 척하지만 사실 언제나 부모를 지켜보고 있음을 잊지 말아야 합니다. 자녀가 그 사실을 인지하고 있지 않더라도 삶의 방향성, 삶을 도전하는 방법 등은 자녀에게 학습될 수 있다는 것입니다. 그러므로 자녀와 함께 수시로 서로의 삶을 나누면서 대화하기를 권합니다. 물론 시간 내기가 어렵고 쑥스러울 수도 있겠지만요.

　한번은 수업 시간에 사춘기 증상에 관해 물었던 적이 있었습니다. 가장 많은 대답이 "부모님과 대화하기 싫은 것"이라고 합니다.

그 이유를 물었더니 "숙제는 했니?, 시험공부는 하니?"라고 하면서 수시로 체크하고 점검하는 말이 너무 싫었다고 합니다.

부모님이 자녀에게 이런 말을 건네주면 어떨까요?

"어떤 일을 잘하는 것보다 네가 열심히, 무언가 열심히 하는 모습을 보는 것이 좋아."

"사춘기라서 힘들겠지만 말해주면 좋겠어. 자신에 대해 점차 말하는 게 어른이 되어 가는 거란다."

"꿈을 갖게 되었다니 기쁘구나. 열심히 준비하면서 고민이 되거나 힘든 순간이 오면 이야기해주렴."

독일의 철학자 쇼펜하우어가 1851년 그의 저서 『소논문집과 보충논문집』에서 언급한 '고슴도치 딜레마'라는 우화가 있습니다. 너무 가까이 다가가면 서로를 찌르고, 너무 멀어지면 다시 외로워한다는 모순적인 상황을 묘사하는 뜻입니다.

가족관계, 혹은 부모 자식 관계도 그런 것 같습니다. 미국의 케임브리지대학교 심리학과 교수로 재직했던 테리 앱터는 이런 심리를 정확히 꼬집고 있습니다. 청소년기는 부모에게 반항하고 거부하면서도 부모에게 인정받고 싶어 한다는 것을요. 이러한 마음을 통해 청소년기의 관계를 만들어 간다고 합니다. 예를 들면, 대화하고 싶지만 잔소리는 싫고, 관심받고 싶지만, 간섭은 싫어한다는 것입니다.

가족의 힘

십대 청소년 자녀를 둔 이들의 하루가 얼마나 다양하고 힘들지 느껴집니다. 더욱이 한 부모 가정이나 양부모, 조부모나 다른 보호자들과 사는 경우 등은 더욱 그렇지 않을까 생각됩니다. 십대 청소년들 또한 이러한 가족 구성원의 관심이나 사랑에 큰 영향을 받습니다.

<눈물의 무게>

아빠의 눈시울에 붉은 장미가 내려앉는다.
에어팟을 보고 소리치며 기뻐하는
나를 보고

아빠가 운다.
바위처럼 단단했던
아빠가
나는 손오공처럼 갇혔다.
눈물 한 방울 한 방울에 담긴
마음의 무게에
감히 상상할 수 없는

오행산과 같은
눈물의 무게에

슬픔도 나누면 반이 된다는 말처럼
나는 조금이나마
그 눈물 속 짐을 덜고자
슬며시 눈물을 흘렸다.

이제는 헤치는 나를
과거에 가둘 테다.

위의 시는 힘들어하고 방황하던 자신을 위해 눈물 흘린 아빠를
보면서 이제는 헤치는 자신을 과거에 가두겠다는 것을 표현했습
니다. 자신이 자신을 헤치는 모습을 많이 보아왔던 아빠가 에어팟
을 선물 받고 기뻐하는 딸아이의 모습을 보면서 흘리는 아빠의 눈
물을 보고 다시는 자기 몸을 헤치지 않겠다는 글입니다.

이렇듯 아빠가 자신을 사랑한다는 마음이 느껴질 때 아이들도
감동하는 것 같습니다. 어쩌면 서로의 마음을 알지 못해서 오는
마음 건강 문제를 예방하는 방법은 서로에 대한 사랑의 표현이 아
닐까하는 생각이 듭니다.

조금 어색할 수도 있겠지만 가족들과 함께 마음을 표현할 수 있

는 '마음 건강을 위한 수칙'을 만들어 실천해 보면 좋겠습니다. 먼저 자녀와 부모는 한 팀이라는 인식을 자녀가 느낄 수 있도록 하는 것이 중요합니다. 대한신경정신의학회에서 권장하는 마음 건강 수칙을 소개해 보니 참고하시기 바랍니다.

1. 긍정적으로 세상을 보는 자세를 지니고 자녀에게도 갖도록 합니다. 세상을 어떻게 보느냐는 자신의 관점에 많이 좌우되는 것 같습니다. 의식적으로라도 세상을 바라보는 관점을 긍정적으로 보게 되면 긍정적인 습관과 관점이 만들어질 거예요. 그래야 자녀에게 희망을 주고, 십대가 인생에서 얼마나 놀라운 시기인지 이해할 수 있기 때문입니다.

2. 감사하는 마음으로 살면서 자녀에게도 감사의 마음을 갖도록 합니다. 매일 감사 일기를 써 보는 것도 도움이 됩니다. 감사 일기를 써 보면 그것만으로도 행복해진다는 것을 알게 될 것입니다.

3. 반갑게 마음이 담긴 인사를 실천하면서 자녀에게도 인사를 권면합니다. 인사는 나를 상대방에게 가장 호감 있게 보이는 가장 쉬운 방법입니다. 주변에 반가운 인사만으로도 당신은 많은 것을 얻습니다.

4. 하루 세 끼 맛있게 천천히 먹도록 식습관을 만들어 줍니다. 몸이 건강해야 정신도 건강해집니다. 건강의 가장 기본인 식사를 천천히 오래 씹어서 즐겁게 드세요.

5. 상대의 입장에서 생각하는 습관을 갖습니다.

모든 관점을 나의 관점이 아니라 상대의 관점에서 바라보세요. 화가 날 일들도 상당 부분 없어질 거예요.

6. 누구라도 칭찬합니다.

칭찬은 상대방도 행복하게 하지만 무엇보다 나를 행복하게 만듭니다. 칭찬은 어떤 식으로든 표현을 적극적으로 해보세요. 마음속에만 담아 두지 마시고요.

7. 약속 시간에 여유 있게 가서 기다립니다.

약속은 인간관계에 있어서 가장 기본이 되는 것입니다. 약속 시간에 딱 맞추어 가려는 습관보다는 좀 여유 있게 가서 상대방을 먼저 기다리는 습관을 갖도록 합니다.

8. 일부러라도 웃는 표정을 짓도록 합니다.

이런 말이 있습니다. 행복해서 웃는 게 아니라 웃어서 행복한 거라고요. 먼저 웃게 되면 기쁨이 살아나기도 하는 것 같습니다.

9. 원칙대로 정직하게 살도록 합니다.

거짓말을 하면 불안해지기 쉽습니다. 이것은 병의 원인이 되기도 합니다. 정직은 건강하게 해 줄 뿐만 아니라 신뢰가 쌓여 성공적인 삶의 초석이 됩니다.

10. 때로는 손해 볼 줄도 알아야 합니다.

자신보다 상대방을 먼저 생각하고 베풀면 나중에 10배 20배로 자신에게 되돌아옵니다.

가족과 함께 해보세요.

· 준비물: 식사, 주스, 다과, 편안하게 이야기 나눌 공간 마련

· 매주 가족과 함께 모여서 식사하고 이야기하는 날을 정합니다.

1) 1주일을 지내면서

 ① 힘들었던 일

 ② 해야 할 중요한 일

 ③ 도움이 필요한 일에 대해 가족끼리 돌아가면서 이야기를 나눕니다.

2) 다음 가족 모임에서는 지난주에 나누었던

 ① 힘들었던 일

 ② 해야 할 중요한 일

 ③ 도움이 필요한 일 중에서 다시 이야기를 나누고 다음 주에 대해서 다시 이야기를 나눕니다.

 ④ 매주 이 모임을 반복해 보세요. 가족들과 한 걸음 더 가까워지는 걸 느끼게 될 것입니다.

3) 가족과 독서하고 생각 나누기

① 함께 독서할 책 정하기

② 매일 혹은 매주 읽을 챕터 정하기

③ 1주일 중 하루를 정해서 책을 읽은 후에 새롭게 알게 된 점, 궁금한 점, 느낀 점 등에 대해서 나누기

4) 글쓰기
① 감사 일기 쓸 시간 정하기
② 매일 감사한 일을 일기로 쓰기
③ 1주일 중 하루를 정해서 감사 일기에 관해서 이야기 나누기

5) 캠핑
코로나19 시대를 살면서 사람들이 어떤 공간에 모이기보다는 야외의 캠핑장을 찾는 사람들이 많아졌습니다. 안전하면서도 자연을 접할 수 있어서 좋은 활동인 것 같습니다. 청소년들과 가족들이 캠핑한다면 마음속에 이야기를 나눌 수 있는 시간을 가져보는 것도 좋은 경험일 것 같습니다.
① 캠핑 날 정하기
② 캠핑 준비 함께하기
③ 캠핑에서 함께할 프로그램 함께 만들고 실행하기

마음 건강 목표 세우기
목표 세우기는 목표설정 기술을 활용하여 각자의 마음 건강의 목표를 세우는 것입니다. 현재까지 책을 통해 살펴본 자신의 마음 상태를 파악하고 드러난 마음 건강에 문제가 있다면 이를 개선해보기 위한 목표를 세워보는 것입니다.

먼저 목표설정 기술을 살펴보면, '현실적이고 건전한 목표를 설정하고 계획하며, 착수하는 능력'을 말합니다. 사춘기 청소년에게 목표설정 기술을 향상시켜 성취감을 경험하도록 돕는 것은 자아존중감의 주요 요소 중 하나인 자아 효능감을 높이는 데도 중요한 역할을 합니다. 미국의 경영학자 피터 드러커의 〈SMART 한 목표설정 기술〉을 이용하여 마음 건강 목표를 세워 봅시다.

- SMART 목표설정 기술

  - Specific(구체적인)
  : 구체적으로 목표를 설정하면 자신이 해야 할 행동이 더욱 명확해지는 효과가 있습니다.
  예) 건강한 사람이 된다.(×) → 하루에 1시간씩 줄넘기를 한다. (○)

  - Measurable(측정 가능한)
  : 수치화 객관화하여 측정 가능해야 목표 평가가 가능합니다.
  예) 인터넷 시간을 줄인다.(×) → 인터넷 사용을 1시간 이내로 한다.(○)

  - Action-oriented(행동 지향적인)
  : 목표는 생각한 만큼이 아니라 실천한 만큼 바뀌므로 모든 목표나 계획은 행동 지향적으로 세워야 합니다.
  예) 컴퓨터 사용 시 눈 건강에 주의한다.(×) → 컴퓨터를 30분 이상 사용할 때는 눈 운동을 한다.(○)

- Realistic(실현 가능한)

: 목표는 현재 상황에서 가능한 현실적인 목표를 세워야 합니다.

예) 평생 사탕을 먹지 않겠다. (×) → 사탕을 1주일에 두 개 이내로 먹겠다.(○)

- Time Limit(목표 시간 설정)

: 목표를 언제까지 달성할 것인지 명확히 하는 것은 실천을 미루지 않게 도움을 줍니다.

예) 태권도를 열심히 배우겠다.(×) → 6개월 안에 태권도 2급을 따겠다.(○)

목표설정 기술에 따라 마음 건강 목표를 세운 다음에는 이를 실천하기 위해 언제, 어디서, 무엇을, 어떻게, 얼마 동안, 실천할 것인지 구체적인 건강증진 전략을 세웁니다.

개선해야 할 나의 건강 문제	· 불규칙적인 식사를 하고, 패스트푸드를 자주 먹는다. · 스트레스를 받으면 안절부절 못한다. · 학교생활에 적응하기 어렵다.
SMART한 나의 건강 목표	· 한 달 동안 주 4회 아침 식사를 한다. · 한 달 동안 인스턴트 음식을 주 1회 먹는다. · 스트레스 해소 방법을 찾아 실천한다.
실천 전략 짜기	· 아침밥을 먹은 날에는 건강 일기 달력에 표시한다. · 인스턴트 음식을 먹은 날에는 건강 일기에 기록한다. · 스트레스 받았을 때 실천했던 스트레스 해소 방법을 기록한다.

앞서 살펴본 바와 같이 사춘기 청소년들의 마음 건강 문제를 파악하고 목표설정 기술을 활용하여 마음 건강 목표를 설정해 봅니다. 신체적, 사회적으로 건강한 것도 중요하지만 마음이 건강해야 전인적으로 건강하다고 할 수 있습니다.

『미움받을 용기』의 작가 심리학자 알프레드 아들러는 "정신은 내면의 목표가 있을 때만 발달한다. 목표는 누구도 대신 세워 줄 수 없다."고 말합니다.

우리들의 삶을 일으키기 위해서는 목표를 세우는 일입니다. 물론 이렇게 이야기하는 분들도 있을 것입니다. "마음 건강까지 목표를 세워야 하나요? 목표를 세워야 할 것이 얼마나 많은데요. 목표를 세운다고 될까요?"라고 말입니다.

"내가 한계를 만들고 규정짓는 것은 항상 자신입니다. 실패의 두려움으로 전력을 다하는 것을 포기하고 스스로를 가둬버립니다. 어떤 문제든 해법은 더 용기 내고 더 협력하는 것!"이라는 심리학자 아들러의 이야기로 대신하고자 합니다.

자, 이제 마음 건강 목표를 세우고 아름다운 꿈을 향해 나아가시길 바랍니다.

청소년과 함께 SMART 한 목표설정 기술을 적용하여 마음 건강 목표를 세워봅시다.

개선해야 할 나의 건강 문제	· · ·
SMART한 나의 마음 건강 목표	목표: 1 목표: 2 ·
실천 전략 짜기	· · ·

참고문헌

1. 『너 이런 심리법칙 알아?』 이동귀, 21세기 북스, 2016
2. 『기적의 자신감 수업』 로버트 앤서니 지음 · 이호선 옮김, 청림출판, 2016
3. 『청소년을 위한 정신의학 에세이』 하지현, 해냄, 2012
4. 『아동청소년 간호학Ⅱ』 김희순 외, 수문사, 2016
5. 『서울대 합격생 엄마표 공부법』 김혜원 · 장광원, 이화북스, 2020
6. 『당신이 옳다』 정혜신, 해냄, 2019
7. 『세상에서 가장 쉬운 정신의학 교실』 사이토다마키 · 야마토 히로유키지, 돌베개, 2016
8. 『십대들의 중독』 김미숙, 이비락, 2020
9. 『십대들의 성교육』 김미숙, 이비락, 2019
10. 『불안한 엄마 무관심한 아빠』 오은영, 김영사, 2017
11. 『자존감 수업』 유홍균, 심플라이프, 2017
12. 『요즘 아이들 마음고생의 비밀』 김현수, 해냄, 2019
13. 『슬기로운 생활 속의 5학년 보건교과서』 김희순·김미숙 외, 교학사, 2021
14. 2015 개정 『슬기로운 생활 속의 6학년 보건교과서』 김희순·김미숙 외, 교학사, 2021
15. 2015 개정 『중학교 보건교과서』 김희순 · 김미숙 외, (주) 지구문화, 2023
16. 『십대를 위한 행복 찾기 심리 실험실』 양곤성, 팜파스, 2019
17. 『학생 자해대응 교사용 안내서』 교육부 · 학생정신건강지원센터, 2019
18. 『십대, 상처받지 않는 연습』 미즈시마 히로코 지음 · 황혜숙 옮김, 우리학교, 2016
19. 『운동화 신은 뇌』 존 레이티 에릭헤이거먼, 북섬, 2009

20. 『나는 나를 돌봅니다』 박진영, 우리 학교, 2019

21. 『아무것도 하고 싶지 않은 나에게』 문지현, 뜨인돌, 2017

22. 『십대를 위한 쓰담쓰담 마음 카페』 김은재, 사계절, 2020

23. 『교사를 위한 마음 건강 길라잡이』 서울시교육청, 2016

24. 『상처받은 나를 위한 애도수업』 강은호, 생각정원, 2021

25. 『마음의 문법』 이승욱, 돌베개, 2021

26. 『정원학 강의』 최대규, 시시울, 2017

27. 『지금까지 산 것처럼 앞으로도 살 건가요?』 김창옥, 수오서재, 2019

28. 『중2병이 아니라 우울증입니다』 제이컵타워리, 뜨인돌, 2020

29. 『아침 글쓰기의 힘』 할엘로드 외, 생각정원, 2017

30. 『레슨 인 케미스트리1,2』 보니 가머스, 다산책방, 2022.

• 인터넷 자료 외 매체

· 아산병원, · 서울대학교병원 홍보실, · 두산백과, · 한국미디어네트워크, · 국가건강정보포털 의학정보, · 서울대학교병원 의학정보, · 동아사이언스, · 전국뉴스(김지수의 인터스텔라, 청년들 가장 외로워, 돈 주고 친구 산다.. 외로움 경제 폭발할 것), · 네이버 지식백과: 나를 보호하는 무의식적 방법 - 방어기제(청소년을 위한 정신의학 에세이, 2012. 6. 30, 하지현, 신동민), · 네이버 지식백과: 뭉크는 절규하면서 그림을 그렸을까?, · 경향신문(2021.11.22.), · 헤럴드경제(2022. 02. 22.), · 한국 강사신문(2022.5.26.), · EBS 부모 클래스 – 김붕년의 "10대의 놀라운 뇌, 이상한 뇌, 아픈 뇌"

· 서울신문(2022. 07.18) 절반의 청춘, '나'를 가두다

· 네이버 블로그: 소시오패스 뜻으로 알아보는 회사생활 속 공.감.능.력 – 소시오패스, 누구냐 넌?

·《부부의 세계》, 주현 극본, 모완일 연출, JTBC, 2020

·《어쩌다 어른》, 김현실, 김명희, 김은아 등 연출, tvn, 2015

문득 우리 모두에게 나타나는 증상들은 메시지인지도 모른다는 생각이 들었습니다. 우울함을 느끼는 건 자신의 분노를 제대로 돌보지 못했다는 뭉크의 '절규'는 아닌지. 강박 증상은 자신의 실재를 확인하려는 순간들이며, 무기력은 착취당한다는 자신을 보호하기 위한 최대한의 몸짓은 아닌지 생각해 봅니다. 공황은 욕망에 휩쓸려 자기를 상실해 가는 자들이 두려움을 느껴 무서워하는 얼굴로 자기를 다시 찾아달라고 애걸하는 모습은 아닐까요.

누구나 한 번쯤 상실을 경험하지 않은 사람이 있을까요. 그것이 소중한 사람을 떠나보낸 것이든, 사랑을 잃은 것이든, 첫사랑의 기억이든, 아니면 이루지 못한 꿈이든, 코로나19가 가져온 일상의 상실이든지 말입니다. 그 순간에 애도하지 못했던 순간들 또한 있을 것입니다. 애도란 부재의 현장을 확인하는 고통스러운 경험이지 않을까 생각됩니다.

그것들이 남아서 불쑥불쑥 찾아오는 모습을 보기도 하고, 그 순간들을 견디지 못하는 사람들을 보면서 안타까운 마음에 펜을 들었던 것 같습니다.

펜을 든 지 2년 만에 책이 완성되어 갑니다. 코로나19와 더불어 저에게 주어진 일들로 책의 완성이 늦추어졌습니다. 대학 시절 정신의학에 대한 관심으로 서적들을 뒤적이던 배움의 기억들과 청소년들을 만나면서 이론과 실제를 확인하는 소중한 시간이었습니다.

책을 집필하면서 『대설주의보』(윤대녕, 문학동네)라는 소설을 읽은 적이 있습니다.

"늘 그리워하지 않아도 언젠가 서로를 다시 찾게 되고, 그때마다 헤어지는 것조차 무의미한 관계가 있다."는 문장을 곱씹어 봅니다. 소설 속의 일상 구원, 즉 우리의 일상에서 삶을 충만하게 해주는 상상력의 세계는 잠깐씩 만나는 자기 내면세계와 타인과의 만남의 순간은 아닐는지요.

제가 만나는 학생들과의 『십대들의 마음 건강』을 완성하겠다는 약속을 지킬 수 있어서 참 다행으로 생각합니다. 보건실을 방문해서 스트레스를 호소하다가 울어 버리는 아이들, 그들을 상담실로 연계해 주던 일들. 그들에게도, 그들의 부모님에게도, 그들을 지도하는 교사들에게도 작은 도움이 되었으면 좋겠습니다. 그리고 코로나19가 가져온 상실감이 걱정되는 요즈음 상실조차 잘 받아들이고 애도할 수 있는 작은 도구가 되길, 자기 내면과 타인과 깊이 만나는 연결의 순간이 되길 소망해 봅니다.

우영우가 로스쿨 다닐 때부터 친구들이 놀리거나 속이거나 따돌릴 때, 도와주었던 친구 최수현을 '봄날의 햇살' 같다고 표현한 것처럼.

또다시 가을을 기다리며
김미숙

닫는글

도서출판 이비컴의 실용서 브랜드 **이비락**樂은 더불어 사는 삶에
긍정의 변화를 줄 유익한 책을 만들기 위해 노력합니다.
원고 및 기획안 문의 : bookbee@naver.com